Usar um dos bordões do ilustre Silvio Santos é a melhor maneira de iniciar um especial sobre ele. Além de estarem na boca do povo, as frases características do apresentador viraram estampas de produtos da marca que leva seu nome. Camisetas, capas de celular, canecas, squeezes e outros itens estão disponíveis à venda em todo o Brasil através do e-commercer do SBT. Esse último feito parece coroar a carreira de sucesso do mito Silvio Santos. Sua jornada como apresentador e empresário coleciona momentos de superação e êxitos, resultados de esforços que foram feitos desde criança para atingir o patrimônio e reconhecimento que tem hoje.

Nas próximas páginas, você encontra textos que trazem a história do "Homem do Baú" com momentos importantes de sua carreira e detalhes de sua vida como empreendedor, administrador, comunicador, apresentador e pai.

A partir de agora, conheça diferentes informações sobre Silvio Santos que são inspiradoras para qualquer pessoa que, apesar das dificuldades, deseja lutar e vencer na vida.

Boa leitura,
Os editores

redacao@editoraonline.com.br
www.revistaonline.com.br

Sumário

6 – Capítulo 1
Nasce um mito
A infância e a juventude de Senor Abravanel

14 – Capítulo 2
Silvio Santos vem aí!
Os primeiros passos do grande profissional e empreendedor

22 – Capítulo 3
O "Homem do Baú"
As decisões ousadas e fundamentais para a vida e a carreira do empresário

36 – Capítulo 4
O visionário
Inspiração e esforço resultaram no Grupo Silvio Santos, um verdadeiro império

46 – Capítulo 5
A emissora mais feliz do País
O SBT e a vida do comunicador se unem em uma só estrada

72 – Capítulo 6
É com você, Silvio
Prêmios, composições, família e as outras marcas registradas de sua jornada

90 – Capítulo 7
Rumo aos 85 anos
Curiosidades para celebrar o grande animador do Brasil

Capítulo 1

Nasce um mito

Da Lapa para o mundo, a trajetória do primogênito da família Abravanel combina carisma, inteligência e uma habilidade incomparável para os negócios.

Capítulo 1

Ele não nasceu Silvio Santos, nem em berço de ouro. Mas já era um visionário desde os primeiros passos e jamais teve medo do desconhecido ou dispensou uma oportunidade. Batizado como Senor Abravanel, o filho mais velho dos imigrantes judeus Alberto Abravanel e Rebeca Caro chegou ao mundo em 12 de dezembro de 1930, na travessa Bentevi, no boêmio bairro da Lapa, no Rio de Janeiro (RJ).

Vindo da Grécia, seu pai chegou ao Brasil com o objetivo de fugir do serviço militar, já que naquela época o Império Turco-Otomano havia estabelecido uma aliança com a Alemanha na Primeira Guerra Mundial. Porém, antes de chegar ao Rio, tentou permanecer na França e trabalhar como camelô, mas logo foi descoberto e expulso daquele país.

Decidido a ficar longe de confusão, Alberto embarcou em um navio rumo ao Brasil, terra onde construiria família e criaria raízes. Como falava muitos idiomas, logo se destacou e começou a trabalhar como guia turístico e intérprete no porto do Rio. Com o dinheiro que ganhou, comprou uma pequena loja para comercializar *souvenirs* para turistas.

Na capital fluminense, conheceu a imigrante Rebeca e formou uma tradicional família judaica. Além de Senor, tiveram outros cinco filhos: Beatriz, Perla, Sara, Henrique e Léo.

Segundo o próprio Silvio, seu pai pretendia registrá-lo como Dom, em homenagem a um parente distante, Dom Isaac Abravanel, um conhecido filósofo judeu, comentarista da Bíblia e ministro que salvou Portugal da falência no século 16. Porém, não conseguiu a autorização do cartório, que alegou não existir o nome Dom no Brasil e o aconselhou a usar algo semelhante, como "senhor". Alberto acabou escolhendo Senor e, dessa forma, também homenageou o seu pai, Señor Abravanel.

O nome desagradou à Rebeca, que passou a chamá-lo de Silvio. O sobrenome Santos, que anos mais tarde passou a compor o seu nome artístico, teria surgido durante

Aos 14 anos, no começo de sua juventude

Senor Abravanel, uma homenagem de seu pai ao seu avô, escolha essa que não agradou à sua mãe, Rebeca

uma apresentação em público. Na ocasião, Silvio justificou a escolha de maneira ir-reverente: porque os "santos" ajudam!

Em 1948, Silvio Santos serviu o Exército Brasileiro na Escola de Paraquedistas, no bairro Deodoro, na zona oeste do Rio de Janeiro, onde se destacou com saltos considerados bons

Loucos por cinema

Fascinado pela "telona", aos 12 anos de idade o garoto elegeu o cinema como um de seus passatempos preferidos. Figura fácil na Cinelândia, Silvio estava sempre acompanhado do caçula Léo e, por vezes, tentavam entrar sem pagar as entradas. Em entrevista para o livro *A Fantástica História de Silvio Santos* (Editora do Brasil), escrito pelo jornalista Arlindo Silva, ele confessou que costumava caminhar no sentido contrário à multidão que deixava a sessão no Odeon, para assim chegar à sala e aguardar a próxima exibição sem comprar ingresso. Entre os filmes preferidos da dupla, estava a série *O Vale dos Desaparecidos*, exibida sempre às quintas-feiras, no Cine OK. Essa era a única sessão para a qual os irmãos sempre compravam as entradas, pois não queriam correr o risco de perder um episódio.

Sorte ou coincidência?

Uma febre pode ter salvo a vida dos irmãos Abravanel na década de 1940. Isso porque Silvio havia combinado de ir ao cinema com o irmão, mas acordou indisposto e com um pouco de febre. Sua mãe, Rebeca, proibiu-os de ir à sessão e não cedeu à forte pressão das crianças, que, aos prantos, pediam que mudasse de ideia.

No dia seguinte, Silvio e Léo descobriram que havia ocorrido um incêndio no Cine OK e várias crianças estavam feridas. Além da sabedoria de Rebeca, também brilhou, pela primeira vez, a estrela de Silvio.

Árvore genealógica

• Silvio Santos é descendente do estadista judeu português e filósofo Dom Isaac Abravanel.
• Seu pai, Alberto Abravanel, nasceu na cidade de Tessalônica, na Grécia, no ano de 1897, e morreu no Rio de Janeiro, em 1976. Já Rebeca Caro, sua mãe, nasceu em Esmirna, atual Turquia, em 1907, e também morreu no Rio de Janeiro, no ano de 1989. Eles estão enterrados no Cemitério Israelita do Caju, no Rio de Janeiro.

Capítulo 1

Travesso e contador de histórias

Na Escola Primária Celestino da Silva, no centro do Rio de Janeiro, o menino Senor era conhecido por contar histórias sobre futebol para os amigos, principalmente sobre o seu time do coração: o Fluminense. O garoto era frequentemente repreendido pela professora, pois gostava mais de falar do que estudar. Nessa época, já despontava o grande comunicador.

Foi nos tempos de colégio que Silvio ganhou seu primeiro apelido: cenourinha. Uma alusão ao diminutivo do nome "Senor". O comunicador e empresário respeitado foi um menino travesso também fora da escola. Ele era bastante popular nas ruelas da Vila Rui Castro, onde morava com a família. Dizem que sua mãe era frequentemente vista pelo bairro com o chinelo nas mãos em busca do primogênito.

Lucrando com o Carnaval

A dupla Silvio e Léo também costumava faturar no Carnaval. Durante os desfiles realizados na avenida Rio Branco, eles perceberam que o público que ficava posicionado atrás do cordão de isolamento não conseguia enxergar quase nada do desfile. Por isso, tiveram a ideia de levar caixotes para a avenida e alugá-los para a plateia prestigiar as apresentações das escolas de samba.

Jovem de futuro

Mas o tino para os negócios manifestou-se no início da juventude e, aos 14 anos de idade, Silvio já se mostrava um vendedor nato. O início da sua história

com as vendas pegou carona na redemocratização do País, que aconteceu após a ditadura do Estado Novo. Naquela época, ele começou a vender porta-títulos pelas ruas do Rio de Janeiro, geralmente entre a avenida Rio Branco, a rua do Ouvidor e a rua Sete de Setembro.

A inspiração veio em um passeio pela avenida Rio Branco, quando avistou alguns vendedores, em especial "seu Augusto", que comercializava não só porta-títulos, e chegava a vender 200 canetas em apenas uma hora.

Silvio descobriu que o fornecedor ficava na rua Buenos Aires e percebeu que também poderia lucrar, pois seu Augusto comprava as capas por 2 mil réis e revendia-as por 5 mil. Porém, o jovem Abravanel não mergulhou de cabeça no negócio: no início, adquiriu apenas uma capa e usou um excelente argumento de vendas: "É a última".

Com o lucro obtido comprou outras capas, mas manteve a mesma estratégia, afirmando que era a última, enquanto escondia os outros itens no bolso. Assim foi a sua estreia como camelô nas ruas do Rio, um sucesso de público e de vendas!

Mas não pense que o adolescente tinha uma rotina exaustiva. Ao lado do irmão Léo, Silvio trabalhava apenas 45 minutos por dia, pois assim podia conciliar a rotina de empreendedor com os estudos. Posteriormente, formou-se em Contabilidade, pela Escola Técnica de Comércio Alberto Cavalcanti. Entretanto, havia outro bom motivo para a curta jornada de trabalho: fugir da fiscalização. Por isso, decidiu trabalhar exatamente no horário de almoço dos guardas.

No negócio, Léo funcionava como "farol" e ficava mais à frente para observar a chegada da polícia e evitar que Silvio fosse surpreendido pelo "rapa" (ação policial para interceptar os ambulantes). Pedro Borboleta, sobrinho de Adolpho Bloch (ex-proprietário da Rede Manchete), também chegou a ajudar Silvio, ao se passar por cliente da banca diante dos demais compradores.

O seu "mix de produtos" cresceu e, além dos tradicionais porta-títulos, o jovem da Lapa passou a ofertar canetas-tinteiro, espelhos, relógios e pentes. Como Silvio ganhava popularidade e conquistava o cliente, os outros ambulantes procuravam ficar perto da sua banca, na esperança de "roubar" alguma venda. Assim, nascia e criava-se um grande vendedor de produtos e, principalmente, de grandes ideias. Ele chamava a atenção por onde passava, pela tamanha habilidade para os negócios e pelo dom da comunicação. O garoto que sabia convencer o cliente como ninguém ainda ganharia muito dinheiro com isso e escreveria seu nome da história do Brasil.

Silvio parecia conhecer todos os princípios de marketing, pois buscava encantar e surpreender a clientela. Além da lábia, aprendeu a manipular moedas e baralhos para despertar o interesse de quem circulava pelas ruas.

A inteligência de Silvio Santos é surpreendente. Desde o início de sua jornada profissional, o apresentador tinha ideias diferentes e lucrativas

Te Contei – Grandes Ídolos Extra

Capítulo 1

Empreendedor por necessidade

Apesar de Silvio fazer parte de uma família considerada remediada, o desejo de trabalhar e ganhar dinheiro surgiu pela necessidade, já que seu pai havia perdido muito dinheiro em jogos e ficado sem a loja, que era a principal fonte de renda da família. Na ocasião, sua mãe teve de costurar para fora para contribuir para o sustento da casa e também pediu que ele arrumasse um ofício que não atrapalhasse os estudos. A partir de então, nascia, aos 14 anos, o melhor camelô da cidade do Rio de Janeiro.

Na intimidade

Bem-humorado, Silvio conta que perdeu a virgindade aos 14 anos, após a terceira tentativa. A façanha aconteceu com uma francesa, que, segundo ele, era a alegria da garotada!

Livre do "rapa" e na emissora de rádio

Imagine só fugir do "rapa" e ir diretamente para uma emissora de rádio. Pois essa foi a trajetória que Silvio percorreu depois de conhecer o diretor da fiscalização da prefeitura do Rio, Renato Meira Lima, que pretendia prender as suas mercadorias e levá-lo ao Juizado de Menores. Mas, em poucos minutos de conversa, identificou o grande potencial de voz e o impressionante poder de comunicação do estudante.

A apreensão deu lugar ao convite: "Que tal fazer um teste para trabalhar em uma emissora de rádio?". Ele abraçou a oportunidade, pegou o cartão com o endereço da Rádio Guanabara das mãos do fiscal e foi concorrer a uma vaga para locutor. Aprovado em primeiro lugar no concurso, Silvio desbancou cerca de 400 candidatos, entre eles os famosos Chico Anysio e José Vasconcellos.

Porém, a experiência que poderia ter dado início a uma carreira meteórica durou apenas um mês. Ele decidiu voltar às ruas, pois como camelô trabalhava menos e ganhava mais.

Silvio paraquedista

Em 1948, aos 18 anos, Silvio Santos serviu o Exército Brasileiro na Escola de Paraquedistas, no bairro Deodoro, na zona oeste do Rio de Janeiro, onde se destacou com saltos considerados bons.

Como não poderia prosseguir como camelô enquanto se dedicava à carreira militar, passou a usar as folgas aos domingos para trabalhar de graça em uma rádio no Rio de Janeiro.

Barcas de felicidade

Quando deixou o Exército, Silvio voltou a fazer locução para algumas emissoras de rádio da cidade. Depois de um tempo, foi convidado para fazer parte da equipe da Rádio Continental, em Niterói, e passou a utilizar as barcas diariamente para voltar ao Rio.

Em uma das viagens, percebeu que o trajeto poderia ser mais divertido se fosse possível interagir com os passageiros e sugeriu a in-

O esforço de Silvio garantiu grandes experiências no mundo dos negócios

Generosidade

Silvio Santos também é lembrado como um homem generoso, pois sempre que podia distribuía roupas usadas entre os garotos de rua de Niterói. Mas tudo era feito sem o menor alarde: ele chamava discretamente os meninos e entregava as roupas para que não passassem frio.

clusão de som ambiente. Com a ideia aprovada, pediu demissão da rádio e investiu o dinheiro recebido em alto-falantes que, além de propagar as músicas, também o ajudariam a divulgar os produtos na nova carreira de corretor de anúncios.

Sob o seu comando, cada viagem transformava-se em uma grande festa, com direito a dança e muita diversão! Como os passageiros sentiam muita sede após a dança e formavam filas nos bebedouros, Silvio sugeriu criar um bar na barca que ia para Paquetá e fez um acordo com uma grande empresa de bebidas para comercializar cerveja e refrigerantes.

Na compra da bebida, outra grande ideia: o cliente recebia uma cartela para participar do bingo cantado por ele e concorrer a prêmios diversos, como jarras e quadros.

Além da voz inconfundível e da facilidade para se comunicar com as massas, o seu visual moderno era um atrativo a mais. Com camisas estampadas, colares e avantajadas costeletas, Silvio dava vida ao grande animador.

Capítulo 2

Silvio Santos *vem aí!*

Com a notícia de que a barca que trabalhava ficaria estacionada durante alguns meses em um estaleiro, logo veio um convite para embarcar em uma nova aventura: desbravar São Paulo!

Reprodução Internet/Página do Silvio Santos

Capítulo 2

Ninguém discorda que foi no vaivém das barcas que nasceu o grande empreendedor, um homem pronto para reconhecer as grandes oportunidades da vida. Nas longas viagens entre Niterói e Rio de Janeiro também ganhava vida um dos maiores animadores do País que, décadas mais tarde, seria responsável por uma das mais importantes façanhas da TV: conquistar diferentes gerações. O segredo? Uma simples e única combinação entre carisma, alegria e irreverência.

Nas barcas o negócio cresceu tanto que ele se transformou no mais importante freguês da empresa Antarctica, no Rio de Janeiro. Isso significava muito, afinal era o cliente que mais vendia refrigerantes e cervejas naquele Estado.

Porém, nem tudo foram flores na trajetória de Silvio Santos e, por vezes, ele se viu diante de adversidades. Mas, também, soube como ninguém driblar os momentos desfavoráveis e dar a volta por cima, sempre com uma dose de criatividade.

Depois de ganhar uma boa quantia em dinheiro cantando os números do bingo e com a corretagem de anúncios de produtos na barca, ele se viu diante da necessidade de recomeçar ou, pelo menos, ter uma ocupação temporária enquanto a embarcação em que trabalhava teve que ficar estacionada no estaleiro por conta de um eixo quebrado.

Silvio, então, procurou o diretor da Antarctica para avisar sobre o acidente e contar que não poderia tocar o negócio de bebidas nas barcas por cerca de três meses. Nesse instante foi surpreendido por um convite do diretor paulista da companhia, que o chamou para conhecer a sua terra natal. Bairrista, o profissional comentou que Silvio finalmente conheceria "a locomotiva que puxa todos os vagões".

Como ficaria parado e não queria fazer desfeita ao diretor, decidiu embarcar na aventura, com a certeza de que voltaria em algumas semanas para o Rio de Janeiro.

Rumo à locomotiva!

Vestindo terno escuro, o animador pegou carona no automóvel do diretor rumo a São Paulo. Seu primeiro endereço na Terra da Garoa foi uma pensão na rua Aurora, no centro da cidade, local que atualmente é chamado de "Boca do Lixo". A acomodação era bastante simples, com apenas duas camas de solteiro e um banheiro comunitário ao final do corredor.

Silvio, que dividia o quarto com um jogador de futebol, adaptou-se com facilida-

O trecho Niterói-Rio de Janeiro foi o trajeto mais usado por Silvio no começo de suas atividades como empreendedor

14 Te Contei – Grandes Ídolos Extra

de à cidade de São Paulo e não demorou para que a sua estrela começasse a brilhar.

Quando estava no famoso cruzamento entre as avenidas Ipiranga e São João, mais precisamente no Bar do Jeca, ele reencontrou um antigo colega, um locutor com quem havia trabalhado na Rádio Tupi, no Rio de Janeiro. O rapaz bastante tímido era muito grato a Silvio, que havia lhe dado muitas dicas e sempre que podia o ajudava na carreira.

Na conversa, ele comentou sobre o serviço que oferecia nas barcas e ficou sabendo que a Rádio Nacional buscava um locutor para substituir um profissional que estava de casamento marcado e pretendia mudar de emprego.

A emissora já tinha feito testes com uma porção de candidatos e até o momento a vaga estava em aberto.

Silvio agradeceu a lembrança, mas não topou, até porque pretendia retornar ao negócio das barcas em poucas semanas. Mas aproveitou para pedir a indicação de um show de calouros. O amigo comentou que o mais famoso e concorrido era o programa do Jaime Moreira Filho e que lá pagavam um prêmio de 200 cruzeiros. Silvio ficou empolgado, pois visualizou a possibilidade de aproveitar o passeio para voltar ao Rio com um dinheiro no bolso e reassumir seu posto de animador.

Ele também acabou participando do teste para locutores na Rádio Nacional, quase que por brincadeira, pois a ideia era só verificar se ainda estava em forma. Mas a sua habilidade para se comunicar, a experiência em rádios e a potência da voz falaram mais alto e ele foi aprovado!

Os primeiros passos na comunicação foram com os anúncios na barca

Exemplo de barca em que Silvio trabalhava no início da carreira

Sabendo que ele não tinha interesse em assumir a locução, o então diretor, Costa Lima, fez a ele a seguinte proposta: Silvio ficaria por três meses, faria uma experiência e ganharia 5 mil cruzeiros por mês. O comunicador aceitou e sua voz começava a conquistar os paulistanos, com a assinatura do seu primeiro contrato, em 1954.

Capítulo 2

A criatividade esteve presente nos caminhos do empresário

Vida dupla: locutor e dono do boteco

Preocupado com o bar de aço inoxidável que estava parado no estaleiro e poderia ser destruído pela maresia, sem ao menos ter sido quitado – pois o valor total era de 150 mil cruzeiros e ele contava com a arrecadação das viagens para pagar as prestações –, Silvio decidiu trazê-lo para São Paulo e conciliar o trabalho de locutor na Rádio Nacional com o de proprietário do bar Nosso Cantinho, que foi instalado entre as ruas Palmeiras e Ana Cintra, em frente à Igreja Santa Cecília.

Para tocar os dois negócios, ele teve de buscar um sócio: Ângelo Pessutti, que na época era casado com Maria de Lourdes, irmã de Hebe Camargo.

Entretanto, Silvio não ficou muito tempo no negócio onde servia bebidas e sanduíches. Logo concluiu que ao juntar o que ganhava na Rádio Nacional com o faturamento do bar jamais conseguiria pagar a sua dívida na Guanabara.

Foi aí que pensou em se dedicar à corretagem de anúncios para a revista *Brincadeiras para Você*, um projeto idealizado por ele e que reunia palavras cruzadas, charadas e passatempos. A publicação era vendida em casas comerciais que, por sua vez, a distribuíam gratuitamente aos seus clientes.

Mas não pense que ele ficou só nisso. O rapaz cheio de ideias também começou a fazer shows em circos para apresentar os artistas e distrair o público que aguardava ansioso a apresentação dos quadros. Com todas essas atividades, ele faturava, aproximadamente, 40 mil cruzeiros por mês e, assim, foi possível quitar a dívida e dormir com tranquilidade na capital paulista.

Foi nessa época que surgiu o animador que despertou o interesse de Manoel da Nóbrega, dono de um dos programas de maior audiência na Rádio Nacional.

Registro de suas primeiras atuações na rádio

O "Peru que Fala"

Por ter a pele muito clara, ficar vermelho com facilidade e falar o tempo todo sem praticamente dar pausa, Silvio ganhou o apelido de "Peru que Fala", de Ronald Golias e Manoel da Nóbrega. Na época, ele percorria o interior de São Paulo e outros estados com as caravanas de artistas, que rapidamente ficaram conhecidas como as Caravanas do Peru que Fala.

O jovem que ruborizava quando estava envergonhado chamou a atenção de Manoel da Nóbrega, que identificou seu grande potencial para se comunicar com as massas e o convidou para participar do seu programa com o quadro As aventuras do Peru que Fala.

Ele ainda passou a apresentar o quadro Cadeira de Barbeiro e também ser locutor comercial do programa comandado por Manoel da Nóbrega, A Praça da Alegria.

Silvio manteve seu posto na Rádio Nacional por mais de duas décadas e, nos anos 1970, liderou o Ibope nas manhãs.

Silvio Santos e Manoel da Nóbrega formaram uma grande dupla de negócios

O lado B das caravanas

Quem imagina que o "Peru que Fala" ganhou muito dinheiro em suas caravanas está enganado. No início, quase tudo o que ganhava era gasto com o aluguel de carros de praça que ficavam à sua disposição para que fossem feitos os três shows com que havia se comprometido. Portanto, as contas praticamente empatavam e o lucro era cada vez mais reduzido.

Mas Silvio não ficou por muito tempo no prejuízo. Ele teve a ideia de procurar o candidato a deputado Cunha Bueno e lhe propor 40 shows em praças públicas em troca de um jipe, que custava cerca de 200 mil cruzeiros e poderia resolver o seu problema de transporte, fazendo que as caravanas se tornassem, enfim, um negócio lucrativo.

No entanto, Cunha Bueno disse que só poderia pagar metade e sugeriu que ele buscasse um novo parceiro para completar o valor total do negócio. Silvio procurou o também candidato Carlos Krhelakian, e conseguiu negociar shows. Mas apenas parte do valor, cerca de 50 mil cruzeiros, por isso acabou assinando promissórias para arrecadar os outros 50 mil e, finalmente, comprar seu jipe.

Nessa época Silvio pensou em desistir, pois estava fazendo o dobro de shows para quitar a sua dívida e pagar os artistas. Ele saía pela manhã do quarto que alugava na rua 13 de maio, no bairro da Bela Vista, e só retornava na madrugada. Uma dura rotina movida à base de injeções de cálcio Ceti-

Capítulo 2

va na veia, que ajudavam a impedir a rouquidão e lhe davam novo "gás" para continuar pela manhã na Rádio Nacional e tocar ao longo do dia com as caravanas do "Peru que Fala".

A persistência venceu o jogo e ele ganhou o jipe, porém estava bastante debilitado, com cerca de 5 quilos a menos. A exaustiva experiência trouxe muito mais do que um jipe ou a possibilidade de lucro com as caravanas: a duras penas, ele aperfeiçoou a sua habilidade para animar. Silvio atribui até hoje o seu alto desempenho como animador de auditório a esse período que esteve à frente das caravanas.

Silvio sempre impactou a todos com a sua grande habilidade em falar com multidões

Reprodução/Internet/Página do Silvio Santos

Silvio, Nóbrega e o Baú

O primeiro contato de Silvio com o Baú da Felicidade aconteceu ainda na Rádio Nacional, quando um alemão chegou à emissora e procurou por Manoel Nóbrega para lhe oferecer o negócio.

A proposta era vender cestas de brinquedos, semelhantes às tradicionais cestas de Natal, só que, em vez de bebidas e castanhas, as pessoas comprariam um baú recheado de brinquedos.

Nóbrega gostou da sugestão do alemão, mas disse que não tinha dinheiro para investir naquele negócio. Em contrapartida, ele pediu em troca apenas anúncios na Rádio Nacional e a sociedade entre eles foi selada. O negócio acabou ficando todo em nome de Nóbrega, que era mais conhecido do público e reconhecido por sua credibilidade e honestidade.

O que poderia ser um sucesso – afinal, foram vendidos 1.200 baús a CR$ 1.20 – foi um dos grandes golpes da história. O alemão alegou que tinha perdido todo o dinheiro e deixou Nóbrega em uma situação muito difícil. Conhecido do público, ele passou a ser procurado pelas pessoas que compraram o tal baú e, além disso, surgiu outro problema: teria de pagar pelos anúncios feitos na Rádio Nacional.

Reconhecendo a habilidade de persuasão de Silvio, Nóbrega procurou pelo "Peru que Fala" e pediu que ele atendesse aos clientes que adquiriram o baú de brinquedos. A ideia era evitar escândalos e garantir que o dinheiro seria devolvido e ele não teria nenhum prejuízo.

Mas o futuro dono do Baú resistiu à proposta. Ele estava vendendo bem sua revista, pretendia lançar uma folhinha e ainda tinha seu trabalho na Rádio Nacional. Com tantos compromissos e uma carreira em plena ascensão, não teria espaço para se envolver em um negócio que ele mal sabia o que era e onde ficava.

Depois de tanta insistência, Silvio decidiu ir até o porão, localizado na rua Líbero Badaró, ao lado do Othon Palace Hotel, onde ficava o Baú. Ele ficou surpreso com tudo o que viu: um negócio amador, com apenas uma máquina de escrever sobre um caixote de madeira. Embora soubesse pouco sobre o negócio, tinha a imagem de uma empresa mais organizada.

Conforme combinado com Nóbrega, a cada cliente que entrava no porão, Silvio reforçava o compromisso de que o dinheiro seria devolvido e também dizia que não poderia receber novas mensalidades, pois o Baú estava com os dias contados.

Foram quatro dias dando a mesma explicação aos clientes que entravam no porão, até que Silvio percebeu que o Baú da Felicidade administrado de maneira correta poderia se transformar em um grande negócio. Então, propôs para Nóbrega uma nova sociedade, com a certeza de que seria diferente. Uma nova parceria estava fechada e isso renderia muitos frutos a Silvio no futuro.

Marqueteiro por natureza

Depois de selar a sociedade com Nóbrega, o primeiro ato de Silvio foi abolir a embalagem do baú de brinquedos, que, segundo ele, não era nada atrativa e mais parecia um caixão de defunto, com um veludo vermelho fúnebre.

Outra medida importante foi acompanhar de perto os vendedores e repreender atitudes desonestas. No dia a dia, ele percebeu que muitos tentavam vender a qualquer preço e para isso contavam inúmeras mentiras aos clientes. Além de condenar tal postura, também demitiu e trocou os funcionários que não se enquadravam à nova gestão.

Em meio a tantas mudanças, mais uma ideia ajudou a tirar o baú da lama: comercializar os produtos por meio de catálogos e, assim, permitir ao cliente escolher determinado brinquedo e pagar por ele em prestações.

Não foi só o marketing ou o tino para os negócios que fez que o Baú da Felicidade ressurgisse das cinzas. Silvio também soube planejar para introduzir novos produtos ao negócio e não ficar apenas no ramo dos brinquedos. Dessa forma, primeiro foram introduzidas louças; depois, utilidades domésticas. Outra meta importante que ele traçou e alcançou: deixar aquele porão assustador para trás e alugar uma pequena sala.

Registro do começo das caravanas

Reprodução/Internet

Capítulo 3

O Homem
do Baú

Ao contrário do que muitos imaginam, o Baú da Felicidade não veio de mão beijada para Silvio Santos. Depois de repaginar o negócio e ter a confirmação de que Nóbrega não tinha interesse em seguir na área comercial, ele fez questão de pagar pelo empreendimento. Paralelamente, surgia o apresentador de TV e o chefe de família.

Capítulo 3

Todos os planos para tornar o Baú da Felicidade um negócio lucrativo foram cumpridos à risca e, no final da década de 1950, Manoel de Nóbrega acompanhava de longe a evolução da empresa. A mudança de endereço foi mais uma grande vitória de Silvio, que nunca entendeu como uma empresa poderia receber os clientes em um porão.

O Baú passou a funcionar em uma pequena sala, na rua Coronel Xavier de Toledo, também no centro da cidade. A partir de então, os negócios não paravam de crescer, até que um dia Silvio desenhou uma boneca e pediu para a Estrela desenvolver o modelo exclusivo para o Baú. O seu primeiro grande compromisso como empreendedor teve um custo alto: a compra de 40 mil unidades do brinquedo.

Ele também fez uma parceria com a empresa Nadir Figueiredo e solicitou 20 mil jogos de jantar para serem pagos em parcelas, com a venda dos

O Baú da Felicidade caiu no gosto do povo, para a alegria do comerciante Senor Abravanel

produtos pelo Baú. Porém, o rumo ambicioso que os negócios tomavam não agradou a Nóbrega, que ainda sofria com os efeitos do golpe do ex-sócio alemão.

Em uma conversa franca, ele deixou claro que pagou os 1.200 baús, mas não conseguiria assumir novas dívidas e de tão grande porte. Nóbrega reforçou que não era e nem pretendia ser comerciante. Portanto, não sonhava em ser dono daquele modelo de negócio em que o Baú se transformava.

O então sócio e amigo sugeriu a Silvio ficar sozinho com o negócio e pediu para que não usasse o seu nome, pois era bastante respeitado – inclusive, na década de 1950, foi o deputado mais votado e não poderia se envolver em escândalos, dívidas ou falências.

A partir de então, o ambulante se trans-

O sorteio de prêmios foi o grande chamariz dos negócios do atual apresentador do Dono do Domingo!

formava no "Homem do Baú" – um grande empresário que, em poucas décadas, seria responsável pelo Grupo Silvio Santos, com inúmeras e diversificadas empresas, de emissora de TV a hotel.

O não foi um presente de Nóbrega para Silvio. Depois de repaginar a empresa e torná-la lucrativa, Silvio pagou a Nóbrega todo o dinheiro que ele havia perdido na sociedade com o alemão, cerca de CR$ 5 mil.

A primeira mudança depois de assumir o Baú como único dono foi modificar o nome da firma, que antes era Distribuidora Ali Ltda. e passou a levar o seu nome, Senor Abravanel.

Manoel da Nóbrega abriu mão do Baú e confiou a Silvio a continuidade do negócio

Até meados de 1977, a vida particular do artista era muito preservada

Vender ou vender

Após assinar contratos com a Estrela e a Nadir Figueiredo, Silvio não tinha outra alternativa que não fosse vender muitos carnês para quitar as dívidas. Ele chegou a se ver bem perto da falência, mas, antes de decretar fim ao sonho do Baú, o seu poder de persuasão entrou em ação e ele fez acordos com empresas e credores.

Também começou a fazer shows diários em praça pública e sortear prêmios para quem comprava os seus carnês. Ao final do ano, as 40 mil bonecas foram vendidas. O Baú era conhecido por toda a cidade e tinha conquistado uma clientela fiel.

Capítulo 3

Nova era

Segundo o registro do Tabelionato do Ibirapuera, o Baú da Felicidade iniciou suas atividades em 16 de fevereiro de 1959, na rua 13 de maio, 714, sala 2, no bairro da Bela Vista, em São Paulo. O gênero do negócio era comércio de brinquedos e o capital da firma era de CR$ 50 mil.

Em 28 de junho de 1963, houve outra mudança importante no nome da empresa, que passou a se chamar BF Utilidades Domésticas e Brinquedos e, depois, ficou conhecida como o "Baú da Felicidade".

Na TV Paulista

No início da década de 1960, a TV lutava para conquistar um público que era fã de cinema e ouvinte de rádio. Por isso, em 1961, Silvio, já consagrado na Rádio Nacional, passou a ter um programa noturno na TV Paulista. A atração *Vamos Brincar de Forca*, patrocinada pelo então deputado, Carlos Kherlakian, proprietário das Casas Econômicas de Calçados e das Camisas Lauton, girava em torno da brincadeira popular e logo virou mania entre os telespectadores.

Silvio estava em uma excelente fase. Afinal, além de o Baú da Felicidade prosperar, era campeão de audiência nas manhãs da Rádio Nacional. Foi nessa época, na TV Paulista, que ele conheceu uma pessoa fundamental para os seus futuros negócios: Luciano Callegari.

O garoto responsável pelo protocolo, pela recepção e correspondência da emissora chamou a atenção do animador, que o levou para trabalhar no seu programa. Naquele momento começava uma grande parceria e, décadas depois, Luciano se transformaria no homem de confiança do "Patrão" e estaria à frente da direção artística do Sistema Brasileiro de Televisão (SBT).

O sonho da casa própria

Quem não quer ter o próprio cantinho? Foi o que provavelmente o "Homem do Baú" se perguntou quando lançou o Plano para a Casa Própria e realizou o sonho de muitas famílias. Foi nessa época que o esquema dos carnês passava pela primeira grande mudança, quando as mercadorias já não eram mais escolhidas por catálogo. Em 1961, o negócio ganhava um esquema administrativo mais rigoroso para acompanhar sua evolução.

Seu primeiro programa foi o *Vamos Brincar de Forca*, na TV Paulista

Revolução aos domingos

A ida para a TV Paulista não foi apenas para animar um programa. Silvio Santos aproveitou para divulgar o carnê do Baú da Felicidade e dar novo impulso ao negócio. Mas ficou poucos meses com o programa noturno, pois os bons índices de audiência chamaram a atenção do diretor de produção da emissora, Paulo de Gramont, e do diretor artístico, Walter Forster, que o incentivaram a comandar um programa mais dinâmico, uma espécie de show para embalar as tardes de domingo e preencher um espaço que até então estava em aberto na maioria das emissoras. A TV Paulista, por exemplo, permanecia fechada a maior parte do domingo e só abria para a transmissão do futebol, por volta das 16 horas.

A sugestão empolgou o dono da emissora, Vitor Costa, que logo de cara comprou a ideia de investir em variedades aos domingos, com um programa piloto apresentado por Silvio Santos, do meio-dia às 14 horas. Ele também recebeu o apoio de Manoel de Nóbrega, que desistiu da compra do horário aos domingos para ceder a Silvio.

Em 1962, Silvio estreava aos domingos, com o importante apoio publicitário do Baú da Felicidade – empresa que já tinha três anos e estava em plena expansão. No início, o Programa Silvio Santos apresentava apenas alguns quadros, como o *Cuidado com a Buzina* (apresentação de calouros), *Só Compra quem Tem*, *Pergunte e Dance*, *Partida de 100* e *Rainha por um Dia*.

Capítulo 3

Primeiro casamento

No dia 15 de março de 1962, aos 32 anos, Silvio Santos passou a pertencer ao time dos casados. A eleita era Aparecida Honoria Vieira, filha de Duzolina Bandeira Vieira, conhecida como dona Gina, a proprietária de uma pensão na rua 13 de maio, no bairro da Bela Vista.

Cidinha e Silvio encontraram-se na Rádio Nacional, quando ela e outras moças visitavam a emissora para conhecer os artistas. Ficaram amigos e começaram a namorar.

O irmão de Cidinha, Mario Albino – que chegou a ser presidente do Grupo Silvio Santos –, era conhecido por sua cara "amarrada" e cercava a irmã de cuidados.

Mesmo casados, Silvio e Cidinha continuaram morando na pensão da dona Gina e somente depois alugaram uma casa na rua Itacira, no bairro de Indianópolis.

A primeira viagem depois de casados foi para o Rio de Janeiro, para visitar a família dele, em um carro francês, da marca Javelin. Na volta, o carro quebrou e o casal teve de pegar carona na carroceria de um caminhão.

Para Cidinha, Silvio era simplesmente "Neco", um apelido carinhoso que fazia referência a "boneco". A união trouxe duas filhas: Cintia e Silvia.

No mesmo ano em que se casaram, Silvio criou a empresa Publicidade Silvio Santos Ltda., com o objetivo de comercializar anúncios para o *Programa Silvio Santos* e garantir seu espaço na TV. A empresa funcionou por cerca de 10 anos e atendeu a 800 clientes.

Assim como a maioria dos artistas, Silvio também fazia mistério sobre seu verdadeiro estado civil, pois, na época, havia um mito de que artistas casados perderiam pontos com as fãs. Cidinha tirava a situação de letra, mesmo com as constantes visitas de fãs de Silvio à sua casa na rua da Passagem, em Mirandópolis, que perguntavam se eles eram realmente casados.

Silvio e Cidinha colocavam a mão na massa na época de Natal para embrulhar os presentes para os clientes do Baú. A empresa já tinha funcionários, mas eram tantos baús que eles não davam conta durante o dia. Por isso, à noite, na pensão da dona Gina, o serviço continuava. Enquanto os homens faziam as notas fiscais, as mulheres embrulhavam os presentes.

Quem também participava era José Preusse, na época um amigo que morava na pensão, mas que anos mais tarde se tornou diretor do Baú da Felicidade.

De lambreta

Quem poderia imaginar que Silvio Santos já acelerou pelas ruas de São Paulo em uma lambreta? Ele e o cunhado Mario Albino compraram em sociedade a motocicleta e revezavam-se para usá-la. O dono do Baú também teve uma Rural, que foi comprada do deputado Cunha Bueno.

Encontro com Roque

Em 1965, Silvio conheceu um dos seus fiéis escudeiros: o atual coordenador de palco, Roque, que naquela época era o porteiro da Rádio Nacional. Homem de confiança do "Patrão", Roque é um dos responsáveis pela inclusão dos "transformistas" na plateia do *Programa Silvio Santos*. Na conversa com Silvio, ele comentou que os travestis eram maltratados na maioria das plateias do Brasil e sugeriu um espaço para eles no programa. O "Patrão" escutou atento e aceitou a sugestão logo de cara. E tem mais: sempre destaca a participação das colegas nas caravanas.

Globo, Tupi e Record

Além de produzir um programa para a TV Globo, Silvio também apresentava, às quartas-feiras, o programa noturno *Festa dos Sinos*, das 21 horas até a meia-noite, na TV Tupi. A atração ainda teve outros dois nomes: *Sua Majestade, o Ibope*; e *Cidade Contra Cidade*. Com este último marcou época na TV, lançando a proposta ambiciosa de promover uma olimpíada entre cidades, que apresentavam seus encantos, histórias e relíquias. Os vencedores levavam para a cidade uma ambulância.

Mesmo com tanto sucesso, o programa mais uma vez recebeu novo nome, Silvio Santos Diferente, e passou a reunir novos quadros, como *Folias de Golias*, *Clube dos Quinze*, *Vestibular do Amor*, entre outros.

Com a venda da TV Paulista para a TV Globo, o Programa Silvio Santos permaneceu na emissora por mais cinco anos e Silvio conseguiu uma façanha histórica: ter mais audiência que o programa *Jovem Guarda*, apresentado pelo Rei Roberto Carlos, na TV Record.

Sob o comando de Silvio, o programa começava ao meio-dia e só acabava às 20 horas, com quadros que encantavam o público, como *Os Galãs Cantam e Dançam*, *Casais na Berlinda* e *Namoro no Escuro*.

Aos domingos, Silvio reinava abso-

Na TV Tupi, Silvio teve notoriedade

Capítulo 3

luto com *Show de Calouros*, *Boa noite, Cinderela* e *Sinos de Belém*. Neste último, tarefas arriscadas empolgavam o público e garantiam altos índices de audiência.

A adrenalina corria solta e nem o animador escapava. Em um programa, o próprio Silvio subiu por uma escada de bombeiros até o 15º andar de um prédio sem estar preso por cordas de segurança. Em outro dia, pousou em um barco ancorado na represa do Guarapiranga.

Homem na Lua e Silvio na Terra!

Três dias depois de o homem pisar pela primeira vez na Lua, em 1969, e a audiência da televisão alcançar 41,4% no Rio de Janeiro e em São Paulo, Silvio Santos conquistou cerca de 40,4% de audiência à frente do programa *Cidade Contra Cidade*. No domingo seguinte, o Ibope continuava alto e o *Programa Silvio Santos*, na TV Globo, alcançava 38,8% de audiência.

O programa *Cidade Contra Cidade* mobilizava a população e batia recordes de público

Troféu Imprensa

Conhecer os melhores do ano na opinião dos jurados do Troféu Imprensa e, mais recentemente, também pela escolha dos internautas é tradição entre as famílias brasileiras. Avós, pais e filhos sentam-se em frente à TV para torcer por suas novelas preferidas, cantores, atores e apresentadores.

Embora o prêmio tenha a cara e a marca do apresentador Silvio Santos, o Troféu Imprensa não foi uma ideia do animador. A iniciativa partiu do jornalista Plácido Manaia Nunes, em 1958, ao se reunir com

Ao lado de Roberto Carlos, só sorrisos. Afinal, seu programa era o único a vencer a *Jovem Guarda* em audiência

outros profissionais da área dos principais veículos da cidade no Sindicato dos Jornalistas do Estado de São Paulo.

Os primeiros escolhidos pelo Troféu Imprensa foram Lima Duarte (ator), Márcia Real (atriz), J. Silvestre (apresentador), Silvio Caldas (cantor) e Elizete Cardoso (cantora). Naquela época, a entrega dos prêmios era feita no Teatro Municipal e transmitida pelas TVs Cultura, Tupi, Paulista e Excelsior.

Silvio recebeu seu primeiro Troféu Imprensa em 1964, como Melhor Animador. Porém, antigamente, o prêmio não tinha estatueta e nem todo o glamour que conquistou ao longo das décadas. Os jornalistas apenas votavam e os ganhadores ficavam sabendo pela divulgação nos jornais. Em 1970, Plácido cedeu os direitos a Silvio Santos, que repaginou a premiação, incluindo o troféu em formato de Oscar.

Em 2014, a 56ª edição do Troféu Imprensa premiou os principais destaques da TV brasileira e contou com a participação de 195.749 internautas que votaram nas categorias por meio do site do SBT e dos portais Terra e Yahoo.

É dos carecas que elas gostam mais?

Não é de hoje que a polêmica sobre Silvio Santos usar peruca desperta a curiosidade do público. O boato começou em 1971, quando a revista *Melodias* passava por dificuldades financeiras e o então diretor da publicação e também amigo de Silvio, Plácido Manaia Nunes, decidiu lançar mão de uma importante cartada para aumentar as vendas: colocar o "Homem do Baú" na capa.

A capa que entrou para a história e até hoje levanta polêmica trouxe Silvio completamente careca. A montagem perfeita chocou o público e salvou a revista da falência, que vendeu 500 mil exemplares.

Manoel de Nóbrega comandou o primeiro *A Praça da Alegria*

A mesma praça...

Em 1972, o ex-sócio e grande amigo, Manoel de Nóbrega, ganhou um quadro no *Programa Silvio Santos*: A Praça da Alegria. Na estreia, ambos se emocionaram relembrando as parcerias estabelecidas desde os tempos do Baú, quando o programa teve de ser interrompido para que pudessem se recompor.

Também participavam do quadro Clayton Silva, Walter Stuart e Durval de Souza.

Capítulo 3

Studios Silvio Santos Cinema e Televisão

A antiga Publicidade Silvio Santos Ltda. cresceu e transformou-se em Studios Silvio Santos Cinema e Televisão Ltda., em 1974. A imensa central de produções incluía a produção de comerciais, coberturas jornalísticas, comercialização de programas para emissoras de TV e até shows. A empresa estava instalada na sede da antiga TV Excelsior, na rua Dona Santa Veloso, na Vila Guilherme, na capital paulista.

O mundo da TV começa a ficar sob os comandos de Silvio com a empresa de produções artísticas

O sonho do canal próprio

Quando o contrato de Silvio com a TV Globo estava para vencer, em 1971, a emissora não queria renovar nas bases que ele havia estipulado e pretendia acabar com a programação popularesca.

Naquele momento Silvio cogitou pela primeira vez ter a própria emissora para não depender de contratos ou ficar amarrado à programação, e vislumbrou a compra de 50% das ações da TV Record, que João Batista Amaral, o Pipa, pretendia vender. Porém, o grupo gaúcho Gerdau largou na frente e adquiriu as ações da Record.

Naquele mesmo dia, a estrela de Silvio brilhou mais uma vez e a decepção deu lugar à alegria. Ele recebeu uma ligação de Roberto Marinho, o então presidente da TV Globo, pedindo que renovasse seu contrato por mais cinco anos, pois não concordava com as mudanças na emissora.

A maré de boas notícias continuou e Silvio teve uma nova esperança em adquirir parte da Record, já que o negócio com a Gerdau durou apenas seis meses e foi desfeito por falta de entrosamento.

No entanto, o contrato assinado com a Globo proibia-o de adquirir uma emissora de TV. Foi então que entrou em cena Joaquim Cintra Gordinho, membro de uma poderosa família paulista, que emprestou seu nome para a transação. Ele não só quis assinar, como também se colocou à disposição para emprestar dinheiro para Silvio efetivar o negócio.

Silvio também já havia tentado comprar a Excelsior, em São Paulo, mas o governo preferiu que a emissora falisse a vê-la sob o comando de Silvio. Com as mudanças no governo em 1975, ocorreu a abertura de uma nova concorrência, só que agora era para o canal 11, no Rio de Janeiro.

No dia 22 de outubro daquele mesmo ano, o presidente Geisel assinou o decreto 76.488 concedendo o canal a Silvio. Uma conquista que foi comemorada pelos funcionários em uma festa regada a refrigerante e com um bolo gigante com o número 11, no principal estúdio da empresa, na Vila Guilherme.

No ato solene para a assinatura do contrato de concessão do canal em Brasília, Silvio ficou bastante emocionado.

Carioca Honorário

No dia 27 de maio de 1976, Silvio Santos esteve na Assembleia Legislativa do Rio de Janeiro para receber o título de "Carioca Honorário". A condecoração foi prestigiada pelo seu pai, Alberto Abravanel, pela sua mãe, Rebeca, e pelos irmãos, Léo, Henrique, Beatriz e Perla.

Em um discurso emocionado, Silvio relembrou a juventude no Rio e os tempos de camelô, quando usava brincadeiras e mágicas para atrair a clientela.

A trajetória do Canal 11

Em 1976, a TVS Rio de Janeiro (Canal 11) entrava no ar ainda sem uma programação bem elaborada. Mas após completar um ano, teve de cumprir as exigências do Ministério das Comunicações e apresentar 18 horas de programação.

Na TVS, Silvio lançou a "sessão corrida", que repetia os filmes três vezes, bem parecido com a programação dos cinemas, e informava ao telespectador o horário que havia começado, com um relógio na tela. Entre os destaques na programação, estavam as séries *Hazel* e *Joe Forrester*.

A produção nacional ficava apenas por conta do Horóscopo, com a participação de Zora Yonara. Aos domingos, o *Programa Silvio Santos*, apresentado pela Rede Tupi, também era exibido pelo Canal 11.

Ainda em 1975, Silvio teve outra grande vitória: a compra de 50% das ações da TV Record. Com a aquisição de parte da Record, o *Programa Silvio Santos* também passou a ser exibido pela emissora e Silvio conseguia a façanha de estar no ar com o mesmo programa nas concorrentes Tupi e Record.

A facilidade com que Silvio sempre dirigiu as atrações apenas reforçava suas habilidades com a comunicação

Capítulo 3

Silvio recebeu seu primeiro Troféu Imprensa em 1964, como Melhor Animador

Noticiário da TVS

Em 1978, o canal de Silvio passou a exibir um informativo com coberturas esportivas. A grande "inovação" era a produção do noticiário em São Paulo e envio, via malote, ao Rio de Janeiro.

Todas as notícias eram gravadas no mesmo dia da semana e colocadas no ar diariamente, exceto aos domingos.

A voz das notícias da TVS era do locutor esportivo José Luiz Meneghatti e as imagens nada mais eram do que recortes de revistas coloridas. Quando as produtoras não encontravam uma ilustração, o locutor era filmado lendo a notícia.

Adeus à Cidinha

Em 22 de abril de 1977, Silvio teve um dos dias mais difíceis de sua vida: a morte de Cidinha, aos 38 anos, vítima de câncer no aparelho digestivo.

Com a doença desde 1973, descoberta durante uma viagem pela Espanha, ela chegou a fazer tratamento em Nova York, nos Estados Unidos, e também em hospitais de São Paulo, mas não resistiu.

Nesse dia, o público passou a conhecer um pouco mais da sua vida pessoal, que até então era bastante preservada.

De acordo com o relato da cunhada, Francisca Vieira, no livro *A Fantástica História de Silvio Santos*, Cidinha tinha Deus no céu e Silvio na terra. Até mesmo nas últimas horas de vida, na UTI do Hospital Israelita Albert Einstein, em São Paulo, ela estava preocupada com Silvio e perguntou se ele havia tomado seu café da manhã.

O decreto 76.488 firmou a concessão de uma emissora de televisão ao empresário, chamado de Canal 11

O programa *Sinos de Belém* trazia o maior âncora do Brasil em atividades perigosas

Após a Rede Globo comprar a TV Paulista, o comunicador ficou mais 5 anos apresentando o *Programa Silvio Santos*

Mesmo com boa estrutura e atuando na TV, o empreendedor colocava sua família para trabalhar na época de Natal para embrulhar presentes para os clientes do Baú

Os auditórios sempre foram um dos grandes triunfos do sucesso do empresário

Capítulo 4

O visionário

Silvio Santos não é apenas um grande empresário ou o melhor animador do País. Não enxerga apenas o presente, ele também vislumbra um futuro com muitas oportunidades. Cada conquista do "Patrão" acompanha sua história e segue uma trajetória de sucesso.

Reprodução/Internet

Capítulo 4

Quando assumiu o Baú da Felicidade, na década de 1950, Silvio não sabia aonde chegaria, mas nos poucos dias em que esteve naquele porão para atender aos clientes a pedido de Manoel de Nóbrega, teve a certeza de que poderia ganhar muito dinheiro com o negócio. De fato, ele transformou o Baú, cresceu, apareceu e se consolidou.

Em 1964, quando a inflação batia a casa dos 89,9% no Brasil, ele teve a ideia de distribuir moradias por meio do Plano Para a Casa Própria no Baú da Felicidade. A iniciativa foi um sucesso, mas as leis o obrigaram a adquirir várias casas antes de sorteá-las. Silvio decidiu buscar uma solução própria e, assim, nasceu, em 1965, a Construtora e Comercial BF, que, em 1973, mudou seu nome para Baú Construtora.

Mas qual é o segredo do sucesso de Silvio Santos? Por que tudo que ele toca parece se transformar em ouro? Ele não tem dúvidas de que a combinação envolve correção, honestidade nos negócios, organização e boa assessoria. Todos os negócios de Abravanel seguiram esses fundamentos e os que por um motivo ou outro se desvirtuaram ficaram para trás.

Do final da década de 1950 até os dias de hoje, o Grupo Silvio Santos só se diversificou e hoje é um conglomerado respeitado, que conta com mais de 30 empresas distribuídas por seis divisões, que atuam em negócios de Comunicações; Capitalização; Comércio e Serviços; Mercado Financeiro; Veículos e Seguros.

O Baú da Felicidade marcou o início da trajetória do empresário

Agronegócio no Paraná

Em 1969, o Grupo Silvio Santos percebeu na agropecuária uma oportunidade. Naquela época, o governo criou maneiras para evitar a sonegação e, assim, movimentar alguns setores da economia. O Grupo resolveu aplicar o capital em uma área de reflorestamento no Paraná e, em poucos anos, alcançou seu objetivo, com toda a região reflorestada.

Uma das centenas de lojas que foram vendidas ao grupo Magazine Luiza

Adeus, Baú!

O marco do primeiro grande passo no mundo dos negócios para Silvio não pertence mais ao Grupo Silvio Santos desde 2011. Em julho daquele ano, o Grupo confirmou a venda das 121 lojas do Baú da Felicidade para o Magazine Luiza. À frente da rede, a empresária Luiza Helena Trajano desembolsou R$ 83 milhões para adquirir as lojas em São Paulo, Minas Gerais e Paraná. Com o negócio, a empresária adicionou cerca de 3 milhões de clientes à sua base.

Vale lembrar que todas as lojas do Baú estavam localizadas em pontos estratégicos, sempre com foco na classe C, o mesmo público-alvo do Magazine Luiza.

Presente há mais de 50 anos no mercado varejista, o Baú da Felicidade ganhou popularidade com a venda de carnês, que eram vistos como uma maneira de poupança e compra programada.

Em 2006, o negócio passou por uma grande transformação e começou a atuar no varejo de móveis. Três anos depois, adquiriu ativos das redes Dismar e Dudony – e também acumulou dívidas, já que a empresa estava em recuperação judicial.

Vimave e Baú Seguradora

Na década de 1970, o Grupo Silvio Santos inaugurou a BF Comércio de Veículos e, meses depois, comprou a concessionária da Volkswagen, no bairro da Vila Maria, em São Paulo, que tempos depois ficou conhecida como Vimave. Além de garantir a entrega de carros sorteados pelo Baú da Felicidade, também alimentava a frota de Kombis que transportava os vendedores dos carnês do Baú. A empresa incorporou a BF Comércio de Veículos e passou a vender carros para o público em geral.

Da distribuição de carros nasceu outro negócio: Baú Seguradora S/A, em 1971. Logo depois ainda veio a Perícia – Administração e Corretagem de Seguros e, em 1972, o Grupo adquiriu a São Cristovão Cia. Financeira Nacional de Seguros gerais, totalizando 10 empresas, mais de 4 mil funcionários e capital consolidado de US$ 9,5 milhões.

Nasce uma holding

Em 10 de junho de 1972, o empresário criou uma holding para administrar as ações de suas 10 empresas, a Silvio Santos S/A Administração e Participações, para que assim todo o grupo tivesse uma administração homogênea.

Capítulo 4

Publicidade

Na década de 1970, a Publicidade Silvio Santos passou a se chamar Marca Filmes e a produzir conteúdo para cinema e televisão. A então produtora era responsável por curtas, filmes para TV e novelas, como a *A Força do Amor* e *A Leoa*. A empresa contou com um grande sucesso de bilheteria, o filme *Ninguém Segura Essas Mulheres*, de 1974, com Tony Ramos, Vera Gimenez, Denis Carvalho e Wilson Grey. A partir de então, a empresa passou a se chamar Studios Silvio Santos Cinema e Televisão.

Ao lado da atriz Aizita Nascimento, Tony Ramos estrelou o filme *Ninguém Segura Essas Mulheres*, produzido pela Marca Filmes

Liderança Capitalização (Tele Sena)

De hora em hora, os números da Tele Sena são "cantados" na programação do SBT e, aos domingos, o próprio Silvio Santos comanda o sorteio das bolas numeradas ao lado de belas assistentes de palco. Do outro lado da tela, telespectadores ansiosos verificam se poderão competir com mais ou menos números na cartela e, assim, faturar uma bolada para mudar significativamente de vida. Esse é o clima de confiança que envolve o principal produto da Liderança Capitalização desde 1991.

Fundada em julho de 1945, a empresa começou a vender títulos em dezembro daquele mesmo ano e logo ganhou destaque como uma das maiores do Brasil, ao lado da Sul América e da Prudência. Em 1975, passou a fazer parte do Grupo Silvio Santos, que a transformou em um grande sucesso de vendas, com um público fiel.

No início, as apostas eram os planos de capitalização mensal e único e a caderneta de Títulos de Poupança Premiada. Não demorou muito para que a Liderança se tornasse líder em vendas e receitas operacionais no ramo de capitalização.

Com grande prestígio no mercado, a Liderança Capitalização ganha destaque por estar sempre inovando e trazer a possibilidade de o consumidor ganhar prêmios instantâneos, como um bom salário por mês com as "raspadinhas".

A Tele Sena chegou a comercializar 34 milhões de títulos nas agências dos Correios e casas lotéricas, o que foi considerado um recorde.

Grandes artistas sempre estamparam as propagandas de um dos negócios de SS

Silvio apresentando um dos sorteios da Tele Sena

No mundo dos cosméticos

Muito antes de a Jequiti crescer e aparecer, Silvio já havia tido uma experiência no mundo dos cosméticos, com a Chanson, empresa que comercializava os produtos de porta em porta, inaugurada em 1976. A companhia, no entanto, encerrou as atividades dois anos depois.

Sisan Empreendimentos Imobiliários

Um negócio nasceu em meio à crise econômica no começo dos anos 1990, depois que o Governo Collor anunciou o confisco dos saldos de contas correntes, poupanças e outros investimentos. A função inicial da Sisan era planejar e controlar os mais de 110 imóveis do Grupo Silvio Santos.

Em 2003, a Sisan abriu novas frentes de negócio, como o Auto Moto Shopping Vimave, na área da antiga concessionária, e o residencial Vida e Alegria, na zona norte de São Paulo, voltado para a classe média baixa e com um conceito diferenciado de lazer. Também lançou na Oscar Freire o Open View, sob medida para consumidores com alto poder aquisitivo.

No ano de 2009, o Platinum Building Berrini, uma torre de escritórios comerciais em uma região que despontava como futuro coração financeiro da cidade. Atualmente, o portal da empresa conta com a gama de projetos que levam o seu nome.

Previdência privada

Ainda na década de 1970, o Grupo Silvio Santos criou a Associação Previdência e Seguros (Aspen). Em contrapartida, foi só em 1980, que o Ministério da Fazenda regulamentou as operações de previdência privada de complementação da aposentadoria, pecúlio e renda no Brasil. Como era pioneira, a Aspen recebeu do governo a Carta-Patente nº001, do dia 8 de setembro, mudando seu nome para Asprevi e depois para Aposentec Previdência Privada.

Capítulo 4

A Praia de Pernambuco, no Guarujá, abriga um dos grandes empreendimentos de Silvio

Centro Cultural Grupo Silvio Santos

Uma iniciativa que representou um investimento de maneira direta em todos aqueles que acreditaram nos empreendimentos do Grupo. Foi com esse conceito que nasceu, em 2002, o Centro Cultural Grupo Silvio Santos (CCGSS). A organização sem fins lucrativos consolidava os investimentos socioculturais do grupo. Teve a filha mais velha, Cintia Abravanel, no comando e uma proposta ambiciosa: usar as artes cênicas como recurso para a educação, promoção de valores, cidadania e inclusão social.

Hotel Sofitel Jequitimar Guarujá

Apaixonado pelo Guarujá, Silvio Santos decidiu transformar em negócio a cidade que conheceu ainda na década de 1950. Um dia, quando circulava pela Praia de Pernambuco, notou o requinte do empreendimento, sempre frequentado por celebridades e pela elite paulistana. Mas foi só no final da década de 1990 que conseguiu comprar o hotel idealizado pelo casal Marjory e Jorge Silva Prado, em 1962.

O empresário transformou o hotel em um grande resort, sem deixar de lado a elegância e o glamour do passado. Com um investimento de R$ 150 milhões, o local teve um cuidadoso projeto da Sisan e administração da rede Accor.

O animador pediu que o projeto tivesse o conforto e o luxo que um navio tem, alegando que no Guarujá chove 260 dias por ano. Atualmente, o hotel tem 302 quartos, auditório para 1200 pessoas, 8 salas de convenções e o único LeSpa Sofitel do Brasil. Também conta com infraestrutura completa de lazer, 36 casas de alto padrão no Jequiti Resort Residence, vendidas logo no lançamento, e o Shopping Jequiti, um centro de compras com 51 lojas de grife.

É nesse espaço cinco estrelas que Silvio diz aos amigos que gostaria de desfrutar de sua aposentadoria.

Capítulo 4

Linha de produtos com marca de celebridades é um sucesso entre os consumidores

A menina dos olhos

Como não se deparar com a relevância dos cosméticos com as mulheres? Quando viajava para fora do País, o animador percebeu que não eram só as mulheres da família Abravanel que gostavam de comprar produtos de beleza.

Na década de 1970, Silvio contratou químicos argentinos e lançou a Chanson, mas por falta de tempo e de um bom administrador para aquele negócio acabou se desfazendo do sonho em dois anos.

Anos mais tarde, o sonho reacendeu e, com base em pesquisas de mercado e o apoio de uma equipe qualificada, Silvio lançou, em 2006, a SS Cosméticos, a Jequiti. O nome faz referência à árvore Jequitibá e também a outro negócio muito importante para Silvio, o hotel Jequitimar.

Atualmente, a empresa conta com mais de 60 linhas de produtos e várias celebridades do Brasil e do mundo têm perfumes que levam a marca, como Adriane Galisteu, Beyoncé, Britney Spears, Claudia Leitte, Celso Portiolli, David Beckham, Eliana, Isabella Fiorentino, Jennifer Lopez, Justin Bieber, Katy Perry, Lady Gaga, Madonna, Rodrigo Faro, Fábio Jr. e Taylor Swift.

As mulheres do Baú

Cintia Abravanel (filha número 1)
Ela só queria ser mãe e ter uma família, mas, aos 30 anos, percebeu que poderia fazer mais pelos negócios e logo se identificou com a área artística. Ela esteve à frente do Teatro Imprensa e também do Centro Cultural Grupo Silvio Santos. Atualmente, é proprietária da Abrava Produções, responsável pelos shows de *Carrossel, Chiquititas* e *Bom Dia & Cia*, além de administrar a carreira do ator e cantor Thiago Abravanel.

Silvia Abravanel (filha número 2)
Formada em Medicina Veterinária, a segunda filha do primeiro casamento de Silvio Santos é responsável pelo núcleo infantil do SBT, que inclui programas como *Bom Dia & Cia*. Também dirige o pai no programa *Roda a Roda Jequiti* e cuida da carreira do marido, Edu de Abreu, da dupla sertaneja Teo e Edu.

Daniela Beyruti (filha número 3)
A primeira filha do casamento com Iris Abravanel é atualmente a Diretora Artística e de Programação do SBT. Está sempre buscando novidades e referências fora do País. Foi responsável pela vinda do programa *Ídolos*, um outro grande sucesso no SBT.

Patrícia Abravanel (filha número 4)
A única a se interessar por um papel à frente das câmeras, Patrícia herdou o carisma do pai e chegou a conquistar o Troféu Imprensa na categoria revelação no ano, quando estreou na TV. A apresentadora está cada vez mais à vontade com o microfone nas mãos e mostra que filha de peixe peixinho é!

Rebeca (filha número 5)
Formada na Suíça, ela é diretora de comunicação da Jequiti Cosméticos. Foi casada com Leonardo Cid Ferreira, filho do ex-banqueiro Edemar Cid Ferreira.

Renata Abravanel (filha número 6)
A filha mais nova de Silvio Santos e de Iris Abravanel não confirma, mas é apontada como a herdeira que tem o talento do pai para assumir, no futuro, a presidência do Grupo Silvio Santos. Atualmente, ocupa a vice-presidência do Grupo e assessora o CEO da holding, Guilherme Stoliar. Segundo a própria mãe, a luz da sala dela é a última que se apaga. Renata é dedicada, técnica e preparada. A aposta do "Patrão" tem carisma e tino para os negócios e admite nunca ter gostado dos holofotes, mas se diz uma pessoa criativa e que também tem o dom da comunicação. Dona de um currículo impecável, Renata estudou Administração de Empresas na Liberty University, na Virginia, Estados Unidos. Durante uma visita à universidade norte-americana, Silvio percebeu que ali estava uma forte candidata ao processo de sucessão, pois administrava com mãos de ferro dois andares da moradia estudantil nos Estados Unidos sem perder o respeito e a amizade dos colegas. Quando retornou ao Brasil, em 2008, ingressou no SBT e, assim como as outras irmãs, foi estagiária em várias áreas.

Iris, a parceira
Dona de casa até os 60 anos, Iris Abravanel deu uma guinada na sua vida e estreou em 2008 como autora de novelas do SBT. No seu portfólio estão tramas de sucesso, como *Revelação*, e remakes de *Carrossel e Chiquititas*.

Silvio ao lado das mulheres de sua vida

Capítulo 5

A emissora *mais feliz do Brasil!*

Da concessão recebida pelo Ministério das Comunicações, em 1981, ao moderno Complexo Anhanguera, a fábrica de sonhos do "Patrão" revelou talentos, lançou moda, faturou alto com produtos licenciados e ajudou muita gente a progredir, seja com a aquisição da casa própria ou com os prêmios em barras de ouro.

Capítulo 5

O sonho de ter a própria emissora de TV acompanhou Silvio Santos por muitos anos. Ele adquiriu 50% das ações da TV Record em São Paulo e obteve a concessão da TVS Rio, mas só em 1980 caminhou de uma maneira mais definitiva em direção à sua rede de televisão.

Em 30 de setembro daquele ano, o Ministério das Comunicações negociava duas novas redes e o Grupo Silvio Santos entrou na disputa mesmo sem ser apontado como favorito, pelo menos para a mídia. Silvio, então, encomendou uma pesquisa ao Ibope para saber a opinião do público e percebeu que era um forte candidato, reconhecido por sua capacidade técnica e solidez financeira.

Porém, a decisão do governo não seria baseada na opinião pública, mas no jogo de influências e nas pressões dos diferentes grupos interessados. No dia 25 de março de 1981, o então presidente João Figueiredo assinou o decreto nº 85.841, concedendo a rede de quatro canais ao Grupo Silvio Santos: TV Tupi, de São Paulo; TV Marajoara, de Belém do Pará; TV Piratini, de Porto Alegre; e TV Continental, do Rio de Janeiro.

A Empresa Bloch também foi beneficiada e ficou com as emissoras TV Itacolomi, de Belo Horizonte, TV Rádio Clube, do Recife, TV Ceará, de Fortaleza, TV Tupi, do Rio de Janeiro, e a ex-TV Excelsior, de São Paulo.

Enfim, no ar

O SBT nasceu como a conhecida TVS e, aos poucos, foi se transformando em SBT (Sistema Brasileiro de Televisão). Entrou no ar no dia 19 de agosto de 1981, às 10 horas da manhã, com a transmissão da solenidade da assinatura do próprio contrato de concessão. A atitude por si só já demonstrava o espírito pioneiro de Silvio Santos, que não conteve a emoção e agradeceu ao público, que sempre esteve ao seu lado: "Peço a Deus que me dê saúde, que me ilumine e me ajude. Peço também que ele abençoe este País e o povo admirável e carinhoso que aqui vive".

A partir de então, o trabalho foi duro. O departamento de Recursos Humanos cadastrou e avaliou a qualificação de 823 ex-funcionários da Tupi, que de acordo com o decreto teriam de ser aproveitados pelo SBT e ter estabilidade de um ano. Mas o "Patrão" garantiu, por espontânea vontade, dois anos e muitos funcionários continuam ao seu lado até hoje.

Para não herdar as dívidas da TV Tupi, Silvio fez um acordo com a TV Record e importou dois transmissores RCA, comprou uma antena e montou-a na torre da Record, na avenida Paulista. Tempos depois, o Grupo arrematou em leilão a torre da ex-Tupi e instalou-a no Sumaré. Para dar origem ao SBT, com as quatro novas emissoras (antiga TV Tupi, TV Piratini, TV Marajoara TV Continental) junto à TVS Rio de Janeiro, o Grupo Silvio Santos desembolsou US$ 40 milhões.

Por que SBT? Antes de escolher o nome Sistema Brasileiro de Televisão, foram cogitados Sistema Nacional de Comunicações (SNC); Rede Brasileira de Televisão (RBT); Rede Nacional de Comunicação (RNC); e Rede SS de Televisão. O nome SBT foi sugerido por José Eduardo Piza Marcondes, responsável pelo DOE, que fez as primeiras afiliações de emissoras.

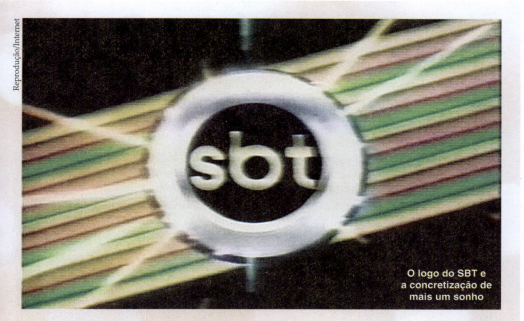

O logo do SBT e a concretização de mais um sonho

Primeiro desafio: montar a programação

Permanecer no ar durante as 12 horas exigidas pelo Ministério das Comunicações foi o primeiro grande desafio do SBT. Por isso, Silvio optou por uma programação popular e uma filosofia diferente. A emissora respeitava as afiliadas e permitia que elas tivessem certa independência, com a exibição de algumas horas de produção regional, fato que até então não era comum. As parceiras ainda poderiam faturar com os produtos anunciados em rede nacional e não só na programação local, o que contribuiu para o seu progresso.

O jornalismo estava entre as principais preocupações de Silvio, pois ele teria de ocupar no mínimo 5% da programação. *O Noticentro*, primeiro telejornal do SBT, entrou no ar três meses após a inauguração da emissora, com uma equipe formada por profissionais vindos da TV Tupi. Ele seguia o modelo norte-americano e o apresentador Gilberto Ribeiro, que popularizou o termo "âncora", distribuía falas aos outros apresentadores.

Em fevereiro de 1982, o jornalístico deixou o horário matutino e ganhou as noites, com transmissão ao vivo, das 18 horas às 19 horas. Um dos diferenciais do programa era o clima informal, que contava com bate-papo e até piadas entre os apresentadores.

Depois, o SBT incluiu na sua programação o jornalístico *24 Horas*, exibido à meia-noite. A partir dele, nasceu um telejornal que até hoje faz parte da programação da emissora: o Jornal do SBT.

O jornalismo da emissora ainda contava com o programa *Notícias*, apresentado pelo irmão de Silvio, Léo Santos. Boletins de hora em hora da própria redação do SBT informavam os principais acontecimentos do dia.

Capítulo 5

Das antigas

Entre os programas que fizeram sucesso no início do SBT, estavam: *Moacir Franco Show*, *O Homem do Sapato Branco*, *Programa Raul Gil*, *Almoço com as Estrelas* (sob o comando de Lolita e Airton Rodrigues), *Programa Ferreira Netto* e *O Povo na TV*, com Wilton Franco e outros apresentadores.

Wilton Franco (primeiro da esquerda para a direita) comandou o grande sucesso popular da emissora

O Sistema Brasileiro de Televisão (SBT) entrou no ar no dia 19 de agosto de 1981, às 10 horas da manhã

Para o povo

Em tom popularesco, a atração *O Povo na TV* reinou nas tardes do SBT. A proposta inicial era estimular a população a botar "a boca no trombone" para reclamar dos serviços públicos e privados. Temas polêmicos, escândalos e fofocas também ocupavam espaço privilegiado na atração, que alcançou altos índices de audiência nos anos 1980. Sob o comando de Wilton Franco, o programa também contava com a participação de Christina Rocha, Wagner Montes, Roberto Jefferson e Sérgio Mallandro. Entre os destaques, os "milagres" do curandeiro Roberto Lengruber repercutiam pelo Brasil.

Funcionários na estreia da emissora

Silvio fez história ao entrar ao vivo em sua emissora e fazer um pronunciamento durante a solenidade da assinatura do próprio contrato de concessão

Alô criançada, o Bozo chegou!

A programação infantil recebeu atenção especial do dono do Baú, que, ao longo de sua carreira, trouxe atrações exclusivas para esse público, como *Domingo no Parque* e *Boa Noite, Cinderela*. Silvio adquiriu os direitos do *Bozo*, um famoso palhaço norte-americano que já fazia sucesso em muitos países, e lançou o personagem no SBT em 1981. Com carisma de sobra, logo conquistou a criançada. Além de pedir a clássica "bitoca em seu nariz", também distribuía prêmios pelo telefone (236-0873, número decorado por toda uma geração). O fato é que o sucesso foi tão grande que, em 1983, a emissora chegou a ser chamada de Sistema Bozo de Televisão. O programa infantil também contava com desenhos animados clássicos, como o Snoopy. O palhaço mais famoso do Brasil ficou no ar durante sete anos, por duas temporadas. A despedida não foi fácil e aconteceu em 1991, dando lugar a outra atração que rapidamente cativou a criançada: Vovó Mafalda, interpretada por Valentino Guzzo.

Divulgação/SBT/Artur Igrecias

Capítulo 5

Importação de novelas

Em 1982, o telespectador do SBT acompanhou duas novelas: *Destino*, uma produção nacional, e *Os Ricos Também Choram*, o folhetim mexicano que abriu caminho para uma série de novelas estrangeiras exibidas pela emissora, que permanecem em alta até hoje na programação. Estrelada por Verônica Castro, a telenovela *Os Ricos Também Choram* fez um tremendo sucesso na época. Para aproximar a história da realidade brasileira, o SBT trocou os nomes das localidades mexicanas na dublagem. Assim, Guadalajara transformou-se em Guarujá. Outra produção internacional que conquistou o público brasileiro foi *Chispita*, telenovela voltada para as crianças, que teve aproximadamente 300 capítulos. As dublagens geralmente apresentavam falta de sincronia, pois eram feitas em um estúdio com poucos recursos. Silvio Santos também trouxe atrações consagradas, como a série *I Love Lucy* e shows de Jerry Lewis e do mágico David Copperfield.

Capa do vinil da novela *Chispita*, sucesso entre as crianças da época

Lá vem o Chaves!

A história do menino que morava em um barril em uma vila repleta de moradores carismáticos, como Seu Madruga, Chiquinha, Dona Florinda, Quico, Professor Girafales, Dona Clotilde e Sr. Barriga, logo conquistou o público brasileiro, que repete as frases clássicas dos personagens em pleno século 21.

Ninguém melhor do que Roberto Bolaños, criador e protagonista da série, para definir o segredo de sucesso durante uma entrevista ao próprio SBT: "Este personagem era o melhor exemplo da inocência e ingenuidade próprias de um garoto, e o mais provável é que essas características tenham gerado o grande carinho que o público sentia por ele. O espectador desconhece o nome verdadeiro de *Chaves*, assim como quem vive com ele na casa de número oito do cortiço", disse Roberto Bolaños, que faleceu em 2014.

No começo, ninguém acreditava que a série pudesse emplacar, pois tudo parecia meio brega, tosco e malfeito. Mas os números provaram que Silvio estava certo, pois em qualquer horário que fosse exibido o programa se transformava em sucesso absoluto de audiência.

Crianças e adultos são apaixonados por Chaves há décadas

E agora, quem poderá me defender?

De carona com o *Chaves*, o SBT incluiu em sua grade episódios do *Chapolin* – um super-herói atrapalhado que não era tão corajoso, não exibia músculos ou se destacava pela agilidade, mas em pouco tempo cativou o telespectador com poderes que o deixavam invisível e o faziam ficar tão minúsculo quanto uma formiga, além, claro, das frases de efeito, como a clássica "Não contavam com a minha astúcia".

Capítulo 5

PROGRAMA SILVIO SANTOS

Silvio Santos é coisa nossa!

Do divertido *Domingo no Parque* ao *Show de Calouros*, as atrações seguiam em ritmo de festa no SBT

Sem dúvida, um dos momentos mais esperados do *Programa Silvio Santos* era o *Show de Calouros*, que animava as noites de domingo e foi apresentado pelo animador entre 1973 e 1996. A fórmula era simples: candidatos a artistas, principalmente a cantores, apresentavam-se para uma bancada de jurados escolhida a dedo, do jornalista Décio Pìccinini, que procurava rigor e justiça, à cantora Aracy de Almeida, marcada pelo terrível mau humor.

Outra figura importante era Pedro de Lara, conhecido nas rádios por interpretar os sonhos dos ouvintes. No programa de Silvio, chamava atenção pelos comentários e pelo figurino exótico. Também chegou a ter um papel importante ao lado dos personagens Vovó Mafalda e Papai Papudo, ao interpretar o inesquecível Salci Fufu na programação infantil da casa.

Quem também chamava atenção pelo visual diferente era Elke Maravilha. Mas por trás dos cabelos armados e da maquiagem carregada, Helke sempre tinha uma palavra doce e muito carinho com o candidatos.

A irreverência ficava por conta de Sérgio Mallandro, que tinha uma piada pronta e performances fantásticas, como subir na cadeira ou rolar pelo palco.

Belas mulheres davam um tom mais colorido ao programa, como a miss Osasco Sônia Lima, que chegou a modelar no Japão e, atualmente, é casada com outro jurado polêmico, o jornalista Wagner Montes, com quem tem um filho que seguiu carreira artística.

Floriana Fernandez, ou melhor, a Flor, que desembarcou de São Caetano direto

para o *Show de Calouros*, era outra beldade do júri. Ela costumava caprichar nos modelitos e arrancar suspiros do "Patrão". Andou sumida por uns tempos e hoje atua ao lado de Silvio no Jogo dos Pontinhos, uma das principais atrações de domingo.

Especialistas em fofocas, Nelson Rubens e, posteriormente, Leão Lobo completavam a trupe. Já nos bastidores e, muitas vezes, na frente das câmeras, Valentino Guzzo chegava a receber "broncas" do "Patrão" no ar, mas sua presença era constantemente solicitada para arrumar a casa e preparar o palco para as apresentações.

Também fizeram parte do júri Jacinto Figueira Junior, Luís Ricardo, Eliana, Mara Maravilha, Condessa Giovanna e Sônia Abrão.

Túnel do tempo do domingo
- **Concurso de Transformistas:** os candidatos cantavam e dançavam em suas surpreendentes performances.
- **Isto é Incrível:** imagens de proezas e fatos curiosos quase sempre dos Estados Unidos.
- **Show do Gongo:** depois das apresentações dos calouros no Brasil, entravam as atrações curiosas do Gong Show, um famoso programa de calouros norte-americano.
- **Piadas do Ary Toledo:** o comediante contava piadas enviadas pelo público.
- **Paródias do Renato Barbosa:** sempre feitas com *hits* de sucesso da época.

Capítulo 5

O encantador programa trouxe quadros lendários

Domingo no Parque

"Agora é hora de alegria, vamos sorrir e cantar!" O domingo da criançada começava com muita alegria em um cenário que por si só já encantava: um imenso parque de diversões! No programa, as crianças enfrentavam-se em provas como cabo de guerra, concurso de dança e o eterno foguetinho, no qual a criança embarcava na cabine com um fone de ouvido e, sem escutar a proposta de Silvio, teria de responder sim ou não. Assim, não era raro que trocassem uma bicicleta por um sabonete...

Ao final do programa, o jogo da cobrinha, no qual a criança abria uma lata com uma flor ou cobra, dava ainda mais emoção para a brincadeira.

Gugu Liberato começou como assistente de palco neste programa e chegou a dirigi-lo entre os anos de 1978 e 1981.

Qual é a Música?

"Pablo, qual é a música?" A pergunta repetida pelo Silvio ao longo do programa era respondida por dubladores com o rosto pintado em interpretações impecáveis, que embalavam o auditório. Pablo e outros dubladores esquentavam a competição entre artistas promovida pelo Qual é a Música?

O programa de auditório que teve Silvio no comando desde a década de 1970 incluía diversos desafios. A prova mais famosa era o Leilão Musical, em que o animador dava pistas para que os convidados adivinhassem o nome das canções. Quando não sabiam, poderiam arriscar um palpite a partir de uma, duas ou mais notas no piano do maestro Zezinho. Se, mesmo assim, os artistas não soubessem, o auditório tinha a chance de participar e, claro, ganhar dinheiro.

Cada prova distribuía prêmios aos clientes do Baú sorteados e Silvio fazia uma espécie de entrevista com eles, na qual perguntava profissão, endereço e até renda mensal. Entre as provas dedicadas exclusivamente aos clientes, estavam o Pião dos Signos e a Cabine Musical.

O cantor Ronnie Von foi o grande vencedor da disputa, com 25 vitórias seguidas. Na época, ele ganhou a coroa de ouro e uma viagem a Paris. Outro competidor, o cantor Nahim, até hoje discute a premiação e chegou a ir à Justiça para reclamar o título. Segundo ele, foram 26 vitórias seguidas. A cantora Gretchen, por sua vez, é a maior vencedora no contexto geral, com mais de 40 vitórias, sendo 24 seguidas.

Nos anos 2000, o programa retornou ao SBT, mas, ao contrário da versão original, que só permitia cantores, também trouxe outros artistas e divisões entre times masculino e feminino.

Pablo, um dos dubladores do programa, com a maquiagem que o caracterizou

A atração que tinha a roleta como item principal teve tanto sucesso que virou até um jogo para as crianças

Roletrando

O emocionante jogo de roleta com "perde tudo", "dobre o prêmio", "passa a vez" e outras mensagens e valores para quem adivinhasse a letra e formasse a palavra foi disputado pelos compradores dos carnês do Baú nos anos de 1980. Atualmente, a atração ganhou o nome *Roda a Roda* e conta com consultores e consumidores Jequiti. A emoção continua a mesma!

Quem Quer dinheiro?

Uma das frases mais famosas do animador começou a ser usada no programa *Topa Tudo Por Dinheiro*, que estreou em maio de 1991. Entre as atrações que deram o que falar, o destaque eram as Câmeras Escondidas ou Pegadinhas, com atores desconhecidos do grande público que faziam brincadeiras nas ruas com as pessoas.

Ivo Holanda, Gibe, Ruth Ronci, Fernando Benini e Carlinhos Aguiar provocavam verdadeiras crises de riso no auditório e nos telespectadores em situações inusitadas. Em pouco tempo, o programa caiu no gosto do brasileiro e a primeira vitória sobre o Fantástico da TV Globo aconteceu em setembro de 1991. Na semana seguinte, o programa chegou bem perto do concorrente e até o ultrapassou em outras ocasiões.

Atualmente, Silvio continua apostando no jargão "Quem quer dinheiro?" e distribui aviõezinhos com cédulas entre as caravanas espalhadas pelo seu auditório.

Capítulo 5

A grande cortina dourada era o passo que faltava para a realização de um sonho nos palcos do SBT

Vamos abrir as portas da esperança!

Dentro do *Programa Silvio Santos*, estreava, em dezembro de 1984, A Porta da Esperança, um quadro que levava emoção ao público e, ao mesmo tempo, tinha uma importante função social.

Os pedidos variavam – de vestido de noiva à cadeira de rodas de última geração –, mas tinham algo em comum: eram acompanhados de histórias comoventes, que por si só já movimentavam doadores e empresas com a possibilidade de anunciar sem custo os seus produtos.

O clímax da atração acontecia na hora em que Silvio dizia a frase mágica, quase que uma senha: "Vamos abrir as portas da esperança". Assim, telespectadores, colegas de trabalho e, principalmente, quem estava no palco aguardavam para verificar se o pedido seria atendido ou não.

Na ocasião, a RP do programa, Maria de Lourdes Fecuri, ganhou status de fada madrinha, pois era uma das principais responsáveis pelos tais "milagres". Ela fazia contato com fabricantes e com quem mais pudesse ajudar a realizar os desejos. Durante os 13 anos que o quadro ficou no ar, foram distribuídos quase dois mil prêmios.

Namoro na TV

Ao som romântico de Julio Iglesias e em meio ao cenário aconchegante, Silvio Santos tentava "desencalhar" os solteiros no *Namoro na TV*, exibido pela emissora aos domingos. A atração que teve início ainda na TV Paulista, em 1967, contava com o esforço do animador para formar novos casais, que tinham a oportunidade de conversar longe dos microfones.

Os casais formados no programa ganhavam uma viagem para algum destino nacional e, na semana seguinte, teriam de contar como foi a experiência e se realmente tinham encontrado a "cara-metade".

Longa metragem

Em agosto de 1985, a exibição do filme *Pássaros Feridos* mostrou uma nova maneira de anunciar: "Logo depois da novela da Globo, vocês poderão assistir a um filme sensacional, Pássaros Feridos. Não precisam deixar de assistir à novela. Vejam a novela e depois vejam o filme. É um filme muito bom, um filme ao qual eu já assisti várias vezes. É a história de um padre que se apaixona. Mas esse filme só vai começar após a novela da Globo terminar", repetia Silvio durante o seu programa.

Na época, a novela exibida pela concorrência era Roque Santeiro, com José Wilker, Lima Duarte e Regina Duarte. A TV Globo chegou a esticar o programa, mas Silvio exibia desenhos enquanto aguardava o fim da telenovela.

Dividido em capítulos, o filme foi exibido durante uma semana e bateu a poderosa TV Globo, com uma média de 47% de audiência.

Mundo kids

Mara Maravilha, a menina baiana descoberta por Silvio Santos, ficou no ar entre 1987 e 1994 com a atração infantil *Show Maravilha*, chegando a liderar a audiência em muitas tardes e ser o terceiro programa mais assistido da emissora, perdendo para o *Programa Silvio Santos* e *Viva a Noite*.

Diariamente, a apresentadora comandava o auditório mirim com brincadeiras e atrações musicais. Em 1991, esteve à frente de uma campanha de conscientização ecológica e de proteção ao índio, embalada por um de seus maiores sucessos: *Curumim Iê, Iê*.

Outra atração que fez muito sucesso entre os pequenos foi o programa *Oradukapeta* e a famosa Porta dos Desesperados. Sem saber o que iria encontrar do outro lado, a criança escolhia uma porta pelo número, o que poderia lhe render uma bicicleta ou um terrível encontro com monstros.

Mara Maravilha comandou a programação infantil por 7 anos

Porta dos Desesperados, um dos clássicos da TV brasileira

Capítulo 5

A grande virada: Hebe Camargo, Viva Noite e A Praça é Nossa

Em 1987, o SBT começava a incomodar a concorrência, pois já não era tão popularesco e, pouco a pouco, chamava a atenção dos formadores de opinião.

A contratação de grandes estrelas, como Hebe Camargo e Carlos Alberto de Nóbrega, deu o que falar e impulsionou outra atração da grade, o *Viva Noite*, apresentado por Augusto Liberato. Grande sucesso dos sábados à noite, contava com quadros como Sonho Maluco e provas de tirar o fôlego, além da participação dos principais cantores e artistas da TV, que brindavam o público com um empolgante "Viva a noite! Viva!".

Enquanto isso, o humorístico *A Praça é Nossa* alcançou uma média de 35 pontos de audiência e Hebe Camargo ganhou status de grande dama da TV brasileira em seu sofá branco, com convidados globais, cantores, esportistas e outras celebridades. Era uma honra sentar-se ao seu lado, receber um selinho ou ser chamada de "gracinha"!

Na estreia do programa *A Praça é Nossa* comandado por Carlos Alberto de Nóbrega, Silvio repetiu a mesma cena feita no passado com Manoel de Nóbrega, trazendo ainda mais emoção. O humorístico reuniu artistas consagrados, como Ronald Golias, Roni Rios (a Velha Surda), Consuelo Leandro e outros tantos que ajudaram a escrever a história da TV em um banco da praça, que até hoje movimenta a programação da emissora mais feliz do Brasil.

"Viva a noite! Viva! Viva!", jargão das noites de sábado

Hebe e seu sofá branco, que recebeu grandes nomes, foram eternizados na história da TV brasileira

O programa *A Praça é Nossa*, ainda em exibição pelo SBT, alcançou uma média de 35 pontos de audiência

Por 11 anos, Jô Soares assumiu o maior talk show brasileiro do SBT

Jô Soares Onze e Meia

Em 1988, Jô Soares desembarcava no SBT para um programa humorístico nos mesmos moldes do *Viva o Gordo*, da TV Globo. Mas foi no SBT que ele descobriu um novo talento: apresentar talk show. O programa *Jô Soares Onze e Meia* – que jamais começou nesse horário – estreou no dia 17 de agosto de 1988 e permaneceu no ar até 30 de dezembro de 1999.

A irreverência do apresentador e a qualidade dos entrevistados transformaram a atração em mania nacional e era quase impossível ir para a cama sem ganhar um "beijo do Gordo". No SBT, ele realizou quase 7 mil entrevistas em 2309 edições do programa.

A volta de quem nunca foi: Augusto Liberato

A contratação de Jô Soares pelo SBT teve uma resposta imediata: a ida de Augusto Liberato para a TV Globo. Ele comandaria uma atração aos domingos para concorrer diretamente com o antigo patrão. Assim, criador e criatura protagonizariam uma alucinante disputa pelo Ibope.

A sabedoria de Silvio falou mais alto: o animador fez uma proposta milionária ao pupilo. Mas Gugu já havia assinado contrato, por isso ele teve de ir de jatinho conversar pessoalmente com Roberto Marinho para desfazer o acordo e arcar com a multa.

Silvio não trouxe Gugu de volta à emissora apenas por conta do seu talento e da facilidade de comunicação. Ele estava com um edema nas cordas vocais e teria de ser operado para não perder de vez a voz.

Para a TV Globo, o episódio foi encerrado com a contratação de Fausto Silva, que na época apresentava dois programas na TV Bandeirantes.

Gugu, um dos grandes nomes que sempre será vinculado ao SBT

Capítulo 5

Fala, garoto!

Com Serginho Groisman no comando, *Programa Livre*, a atração voltada para o público jovem dominava as tardes do SBT desde agosto de 1991. O programa foi um dos presentes que a emissora deu ao público após completar 10 anos de atividades e era uma verdadeira sensação entre os estudantes.

A atração também chegou a ser comandada por Ney Gonçalves Dias, Marcia Goldschmidt, Lu Barsotti, Christina Rocha, Otávio Mesquita e Babi Xavier. Foi retirado da grade em 2001, por conta dos baixos índices de audiência.

O telejornal tido como sensacionalista criou uma tendência importante e que hoje é seguida pela maioria das emissoras: a compra de material de cinegrafistas amadores.

Produção especial para o público jovem era a sensação entre os adolescentes que amavam acompanhar as gravações

Aqui Agora

Em 1991, câmeras nervosas e um time formado pelos apresentadores Celso Russomano, Christina Rocha, Sônia Abrão, Gil Gomes, Ivo Morganti, Wagner Montes, Jacinto Figueira Júnior, César Tralli e Maguila traziam as notícias com apelo popular no noticiário *Aqui Agora*.

Rumo ao Complexo Anhanguera

Inaugurado em agosto de 1996, o Complexo Anhanguera contribuiu para a emissora comemorar com grande estilo o seu aniversário de 15 anos. Situado a 17 quilômetros da capital, o espaço era mais do que necessário, pois as atividades da emissora eram divididas em cinco ou seis ambientes diferentes, espalhados pela cidade.

A inauguração foi feita pelo então presidente Fernando Henrique Cardoso, no período da manhã, e ao cair da noite uma festa reuniu funcionários e convidados para celebrar a nova conquista do "Homem do Baú". O Complexo Anhanguera tem uma cidade cenográfica, onde foram gravados sucessos da emissora como *Éramos Seis*, *As Pupilas do Senhor Reitor*, *Razão de Viver*, *Ossos do Barão*, *Pérola Negra*, *Fascinação*, *Carrossel* e *Chiquititas*.

"Fantasia no ar..."

Belas garotas dançavam e apontavam para um relógio de pulso fictício enquanto o telespectador respondia a algumas perguntas do outro lado da linha. Essa é uma prévia do que foi o programa *Fantasia*, que esteve no ar entre 1997 e 2000, e retornou ao SBT entre 2007 e 2008, só que em vez de animar as tardes passou a ser exibido na madrugada.

A primeira temporada contou com um time formado por Adriana Colin, Débora Rodrigues, Jackeline Petkovic e Valéria Balbi. Amanda Françoso e Tânia Mara, que na época eram dançarinas, tiveram a primeira oportunidade como apresentadoras. Na segunda temporada, a dançarina Carla Perez esteve à frente da atração, com boa dose de carisma e gafes.

Na terceira temporada, em 2000, as belas garotas deram lugar a um grupo formado por Celso Portiolli, Otávio Mesquita, Márcia Goldschmidt e Christina Rocha. Já na última temporada, Helen Ganzarolli, Caco Rodrigues e Luiz Bacci animavam a madrugada.

Em busca das barras de ouro

O *Show do Milhão* era um programa de perguntas e respostas com muito glamour e que concedia o prêmio máximo de R$ 1 milhão em barras de ouro ao participante que acertasse todas as perguntas.

Durante o jogo, o candidato a milionário poderia pedir ajuda aos universitários, pular ou solicitar o auxílio das cartas. Entre 1999 e 2003, o programa teve grande audiência. Em 2009, voltou para a grade, mas não alcançou o mesmo sucesso.

Reduto de celebridades

Antes mesmo do Big Brother Brasil chegar ao País, Silvio Santos já emplacava o *reality* show *Casa dos Artistas*, em 2001. O grupo ficou confinado por cerca de 50 dias em uma mansão na rua Antônio Andrade Rebelo, 482, no Morumbi.

A casa de 800 metros quadrados, que Silvio comprou por R$ 3 milhões, foi reformada e transformou-se em um imóvel com dois quartos, um banheiro, cozinha, sala de jantar, recanto de repouso, horta, lago com peixes para serem pescados e consumidos pelos moradores, lavanderia, sala de ginástica e piscina.

No piso superior, uma completa infraestrutura técnica, com 72 televisores para auxiliar na edição de imagens, posto médico e sala para psicóloga. Os artistas eram observados por 32 câmeras escondidas atrás de espelhos e espalhadas por toda a casa.

Assim que estreou, o programa derrotou o *Fantástico* após 28 anos de liderança da concorrência. O *reality* com famosos fascinou o público, que teve a oportunidade de acompanhar de perto como eles eram na intimidade e assistir a crises de choro, atritos e romances. Ao final, o vencedor faturou R$ 300 mil. Entre os ganhadores, estavam a atriz Bárbara Paz e o cantor Rafael Vanucci.

Capítulo 5

NOVELAS

Fábrica
de sonhos

Dos dramalhões mexicanos aos *remakes* nacionais, o SBT embala os sonhos dos telespectadores

Do folhetim *Destino*, a primeira novela produzida pela emissora em 1982, passando pelo fenômeno *Rebelde* e, mais recentemente, pelos *remakes* de *Carrossel* e *Chiquititas*, que incomodam e muito o *Jornal Nacional*, o SBT percorreu um longo caminho, lançou atores que hoje estão consagrados, como Caio Blat e Fernanda Souza, especializou-se e, acima de tudo, aprendeu com os próprios erros.

Mesmo com o sucesso das produções nacionais, Silvio não abriu mão das novelas estrangeiras (a maioria vinda do México), que ainda fazem parte da grade e contam com um público fiel.

Para controlar os custos, SBT tem o hábito de antecipar as gravações. O folhetim *Corações Feridos*, por exemplo, só foi para o ar depois de estar totalmente filmado.

Outra novidade que marcou a teledramaturgia foi o lançamento da esposa de Silvio Santos, Iris Abravanel, como autora de novelas. A verdadeira guinada dada pela primeira-dama do SBT, aos 60 anos de idade, teve um objetivo claro: ajudar o marido, que não havia conseguido renovar o contrato com a Televisa.

Mas não pense que foi uma solução caseira ou que Iris não levava jeito para o negócio. Acima do animador e marido está o empresário, que não pensaria duas vezes em retirar a esposa do ar se os produtos não tivessem qualidade ou boa audiência.

E a aposta do "Patrão" deu tão certo que ela ganhou respeito e admiração na nova profissão. Em especial, dois sucessos consagraram-na como grande autora: os *remakes* de grandes sucessos, *Carrossel* e *Chiquititas*.

A novela *Café com Aroma de Mulher* está entre os folhetins colombianos

Rebelde, o fenômeno teen que enlouqueceu milhares de adolescentes

O remake de, *Chiquititas:* outro grande sucesso do SBT

Maria do Bairro, grande sucesso na estreia e em todas as suas reprises

A história de Paola e Paulina ultrapassa décadas no SBT

Iris Abravanel, esposa de Silvio Santos, que há anos é o grande nome da dramaturgia na emissora

Capítulo 5

Carrosel, outro grande sucesso de audiência da emissora

¿Hablas español?

• Com o grande sucesso da novela *Luz Clarita*, o SBT não mediu esforços para trazer outros folhetins com a protagonista Daniela Luján, como *Gotinha de Amor* e *O Diário de Daniela*.
• As novelas mais reprisadas na emissora foram *Maria do Bairro* e *A Usurpadora*.
• A emissora mais feliz do Brasil também já exibiu novelas colombianas, como *Café com Aroma de Mulher*, e argentinas, como *LaLola*.
• A versão mexicana de *Carrosel* chegou a incomodar o Jornal Nacional, da rede Globo.
• Thalia, a grande protagonista das novelas mexicanas, tornou-se musa entre os telespectadores do SBT.

Curiosidades

• Quando ainda trabalhava no SBT, o autor Walcyr Carrasco escreveu, em segredo, *Xica da Silva* para a TV Manchete. Por conta disso, Silvio ordenou que ele escrevesse uma novela para o SBT. Assim nasceu *Fascinação*.
• O SBT chegou a tentar uma versão brasileira de *Rebelde*, mas a produção foi reprovada pela detentora dos direitos e eles acabaram optando pelo remake mexicano. No piloto da novela participaram Marco Pigossi e Marisol Ribeiro.
• *Pícara Sonhadora*, uma produção brasileira baseada em texto argentino, teve o título sugerido pelo próprio Silvio.
• Em 1996, a emissora colocou no ar três horários de novelas produzidas por aqui: *Colégio Brasil*; *Antônio Alves, Taxista*; e *Razão de Viver*.
• O SBT foi a primeira emissora a colocar um beijo gay numa novela brasileira. A cena aconteceu na trama *Amor e Revolução*, do autor Tiago Santiago.
• Na primeira novela gravada pela emissora no Brasil, *Destino*, em 1982, Silvio não quis investir muito e só colocou no ar 55 capítulos.
• A emissora comprou o roteiro de radionovelas de Janete Clair, mas só gravou por enquanto *Vende-se um Véu de Noiva*.
• A novela *Éramos Seis* contou com a participação de Ana Paula Arosio, ainda em começo de carreira.
• Foram revelados no SBT estrelas como Caio Blat, Bianca Rinaldi, Fernanda Souza, Débora Falabella e Bárbara Paz.
• A primeira versão da novela *Chiquititas* foi gravada na Argentina e era resultado de uma parceria entre SBT e Telefe.
• Novelas da extinta TV Manchete foram reprisadas com sucesso no SBT, como *Pantanal*, *Chica da Silva* e *Ana Raio e Zé Trovão*.
• Embalados pelo sucesso da versão nacional de *Carrosel*, o SBT lançou a *Patrulha Salvadora* e aproveitou boa parte do elenco.

Fontes: MW/IBOPE – PNT Premium – Dados Domiciliares e Individuais (Rch%, Rch#) – Faixa Horária – 24 horas – Abril/2014 – Dados arredondados; IBOPE MONITOR 29 praças – investimentos brutos em TV aberta de jan a mar/14; IBGE Censo 2010 com projeção IPC Marketing e IBOPE EDTV PYXIS 2014.

Fizeram história

- **Isto é uma vergonha!** O jornalista Boris Casoy, reconhecido por sua credibilidade na TV brasileira, foi uma das principais contratações do SBT, em 1988. O bordão "Isto é uma vergonha", aliado a um sinal de "banana", ficou marcado na história da emissora e do apresentador.
- **Piriri, pororó** A previsão do tempo era feita por Felisberto Duarte (Feliz) nos diferentes jornais da casa, do antigo Noticentro, passando pelo *Aqui Agora* até o *Jornal do SBT*. Quem não se lembra do bordão "Piriri, pororó"?
- **O líder absoluto do 2º lugar** Esse foi o slogan da campanha de marketing idealizada pelo publicitário Nizan Guanaes, que na época estava à frente da W. Brasil. Depois, a emissora adotou "SBT, na nossa frente só você" e, atualmente, não abre mão de ser "a emissora mais feliz do Brasil".

SBT em números

- **33** anos de vida
- **114** emissoras, que juntas empregam cerca de **6** mil colaboradores
- **24** horas de programação diária diversificada
- A participação do SBT na Grande São Paulo é de **14,4%** e no mercado nacional, **13,7%**
- Cerca de **10** milhões e **900** mil domicílios e **18** milhões e **600** mil indivíduos assistiram a pelo menos **1 minuto** do SBT em **abril de 2014** nos **15** mercados representados pelo Painel Nacional de Televisão do Ibope
- O SBT tem a participação de **20%** do bolo publicitário em TV aberta, considerando o período de janeiro a março de 2014 (dados brutos)
- Está presente em **96,6%** de todo o IPC brasileiro dos lares com televisão
- O SBT atinge **191 milhões** de telespectadores e **58 milhões** de lares
- O site do SBT recebe mais de **5 milhões** de visitantes/mês e tem mais de **30 milhões** de pageviews/mês
- Todos os anos, exibe dezenas de filmes campeões de bilheteria, pela primeira vez na TV
- A sede na Vila Guilherme recebia **400** pessoas por semana para compor seus auditórios. O Complexo Anhanguera recebe em média **2.300** pessoas por semana, o que corresponde a **9** mil pessoas por mês
- O "Programa Silvio Santos" entrou para o *Guinness* **93** por ser um dos programas mais duradouros da TV, com mais de **30 anos**
- O CDT/Anhanguera conta com **8** estúdios, somando uma área total de mais de **4.400 m^2**
- A cidade cenográfica tem área de **6.500 m^2**

Capítulo 5

Tapete vermelho do SBT

GUGU LIBERATO

Chegou até Silvio por meio de cartas com sugestões de quadros e novos programas. Aos 14 anos de idade, começou a trabalhar como assistente de produção no programa *Domingo no Parque*, chegando à direção da atração. Seu primeiro programa na emissora foi a *Sessão Premiada*, em 1981. No ano seguinte, passou a comandar o *Viva a Noite* e acumulava a função de editor da *Semana do Presidente*, um boletim veiculado aos domingos, nos intervalos do *Programa Silvio Santos*.

Embalado pelo sucesso do grupo Menudo, lançou os grupos Dominó e Polegar, que o tornaram um empresário de sucesso nos anos 1980.

Ainda no SBT, apresentou *Passa ou Repassa*, *Cidade contra Cidade*, *TV Animal*, e *Sabadão Sertanejo*. Porém, o grande sucesso foi o *Domingo Legal*, com a prova da banheira. Em 2009, deixou a emissora para trabalhar na TV Record, onde não teve o mesmo sucesso. Saiu da emissora em 2013 e, no início de 2015, voltou com um novo programa. Até hoje, boatos sobre o retorno de Gugu ao SBT são constantes.

ELIANA

Durante muitos anos, comandou na emissora o infantil *Bom Dia & Cia*, mas decidiu buscar novos rumos para a carreira na TV Record. Em 2009, retornou ao SBT para comandar uma atração com seu nome aos domingos para toda a família. A apresentadora define o programa como algo leve e divertido. Para Silvio Santos, ela é uma excelente profissional.

RATINHO

Sem papas na língua, Carlos Massa chegou ao SBT em 1998. Ratinho reúne artistas, comediantes e gente do povo em um programa de variedades. Entre os quadros de sucesso está o DNA, no qual as partes interessadas trajam roupas de gala para acompanhar o resultado do exame que atesta a paternidade. Na maioria das vezes, os casais são separados e a história acaba em tapas.

CELSO PORTIOLLI

Sua história no SBT começou em 1993, quando enviou uma fita para Silvio com sugestões de câmeras escondidas para o programa *Topa Tudo por Dinheiro*. Das 11 ideias enviadas, 7 foram aprovadas e logo veio o convite para ser redator do programa. Depois de comandar várias atrações, assumiu o *Domingo Legal* em 2009 e desde então se mantém no posto com carisma e criatividade.

PATRÍCIA ABRAVANEL

Ela é, sem dúvida, a sucessora do pai na frente das câmeras. Iniciou a carreira como apresentadora em 2011, durante o *Festival SBT 30 anos*. No mesmo ano, cativou o público no *Jogo dos Pontinhos*. Depois, vieram os programas *Cante se Puder*, *Roda a Roda Jequiti* e, finalmente, a atração *Máquina da Fama*. Faturou o Troféu Imprensa em 2012 como revelação e, em 2014, na categoria Melhor Animadora.

Capítulo 5

TELETON

Depende *de nós*

Iniciativa do SBT para ajudar a AACD teve início com o humorista Jerry Lewis, em 1966

Pouca gente sabe, mas a história do Teleton é antiga e começou fora do Brasil. O programa foi criado pelo ator e comediante Jerry Lewis, em 1966, que ficou sensibilizado com a causa após o nascimento de um filho com distrofia muscular. O evento realizado uma vez por ano inspirou outras emissoras de TV a realizarem campanhas pelo mundo.

No Brasil, o primeiro Teleton entrou no ar em 16 de maio de 1998, no SBT, com o objetivo de levantar recursos para pacientes atendidos pela Associação de Assistência à Criança Deficiente (AACD). Logo na primeira edição, arrecadou R$ 14.855.000 para ser usado na construção de uma nova unidade em Recife (PE) e também para reformar a unidade no bairro da Mooca, em São Paulo.

Anualmente, o SBT coloca no ar uma programação especial durante o Teleton, com cerca de 27 horas de reportagens especiais sobre o trabalho da AACD pelo Brasil. O programa conta com a participação de cantores e artistas de outras emissoras que apoiam a causa.

Na 17ª edição, em 2014, o Teleton teve como tema a união e foi transmitido ao vivo pela TV Cultura, pelo YouTube, pela Fox Life Brasil e pela Nickelodeon. O evento, que atingiu a meta e alcançou R$ 30.021.070, teve a arrecadação repassada para a manutenção das unidades da AACD e o investimento em pesquisas de reabilitação.

O balanço não poderia ter sido mais positivo: 27 horas de programa, 180 artistas, 145 personalidades da internet e 37 atrações musicais. Momentos de emoção marcaram o Teleton, como a primeira aparição de Patrícia Abravanel após o nascimento do filho Pedro e a participação do neto, Tiago Abravanel.

Entre os artistas que apoiaram a campanha estavam Eliana, Sabrina Sato, Adriane Galisteu, Danilo Gentili, Ratinho, Daniel, Victor e Leo, Christina Rocha, Carlos Nascimento, entre outros.

TELETON

A arrecadação de R$ 30 milhões em 2014 superou a meta

LICENCIADOS
Máquina da fortuna

SBT quebra recordes e lucra com produtos que levam a sua marca

Cadernos, chaveiros, revistas, livros, fantasias, camisetas, bonecas, álbuns de figurinhas... A lista de produtos licenciados que levam a marca das telenovelas e de outros programas de sucesso do SBT é extensa e muito lucrativa. Prova disso é o lançamento da loja virtual e da marca SBT Store, que comercializa inúmeros produtos relacionados às suas principais atrações.

De *Chaves* aos bordões do Silvio Santos, nada escapa da diretoria de licenciamentos. Só para se ter uma ideia, no Dia das Crianças e no Natal de 2013, produtos da novela Carrossel colocaram a emissora na rota de crescimento e promoveram a quebra de recordes. Nesse período foram comercializadas mais de 500 mil bonecas e os dois CDs com músicas da novela alcançaram 400 mil cópias – um número e tanto em tempos de crise na indústria fonográfica.

A trama infantil gerou mais de 300 itens, de bonecas a revistas especiais que deram asas ao sonho de consumo da criançada.

O mais recente sucesso infantil da emissora, a série *Patrulha Salvadora*, também já conta com produtos licenciados em diversas áreas.

A boa audiência de *Chiquititas* trouxe lucro ao SBT, com mais de 300 itens licenciados. A iniciativa resgatou desejos antigos das crianças, que em vez tablets ou celulares passaram a dar mais atenção para bonecas, roupas e mochilas com a imagem de seus personagens favoritos.

O negócio trouxe excelentes oportunidades e inúmeros parceiros: On Line Editora, Tilibra, Estrela, Cacau Show, entre outros.

Capítulo 6

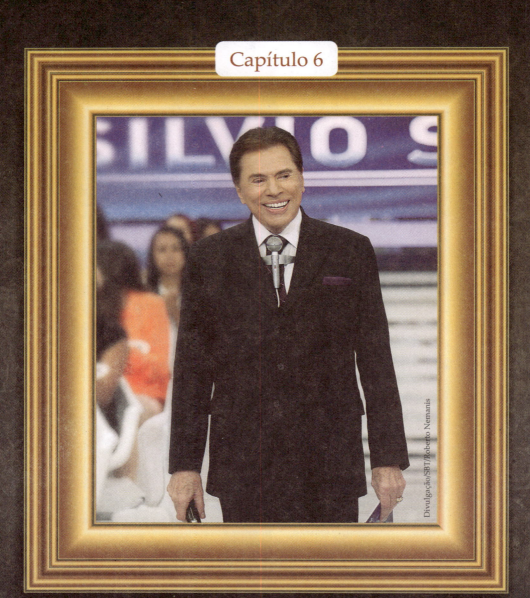

Divulgação/SBT/Roberto Nemanis

É com você, Silvio!

Quando Silvio diz que é uma pessoa comum, não há como não pensar que há uma dose de falsa modéstia em seu discurso. Mas o fato é que, embora seja um mito, idolatrado por pessoas de diferentes classes sociais, renomado empresário e o melhor animador do Brasil, ele também tem uma trajetória marcada por altos e baixos, como qualquer cidadão.

"Lá vem o Silvio, lá, lá, lá, lá, lá, lá..." O anúncio para a chegada do "Patrão" não pode ser em outro ritmo que não seja de festa. Nos últimos tempos, ele ficou ainda mais irreverente, "alfineta" convidados no ar, sofre deliciosas crises de riso em meio ao auditório, tem sempre uma resposta criativa na ponta da língua e não perde uma boa piada. Na verdade, aos 84 anos, Silvio pode tudo.

Ao seu lado, as colegas de trabalho com um lugar privilegiado e intransferível no auditório ajudam a completar a incrível energia que paira nas gravações de seu programa. Graças a essa combinação de sucesso, Silvio mantém-se no ar por tantas décadas e praticamente arrasta gerações para a frente da TV. Afinal, quem nunca se rendeu a uma boa conversa de Silvio com uma pessoa anônima da plateia? Ele sempre parece muito interessado em saber de qual caravana ela faz parte, onde mora e o que faz da vida. Também gosta de fazer perguntas um tanto inusitadas, elogiar um lindo par de pernas e um decote mais avantajado e caprichar nas gargalhadas.

Mais do que anunciar produtos, Silvio Santos é um vendedor de sonhos e pura inspiração. Contra fatos não há argumentos e o programa que leva o seu nome continua firme e forte há quatro décadas, pois sempre soube inovar. Já exibiu centenas de atrações e conta com seu carisma e sua genialidade.

Lombardi: o locutor mais famoso do Brasil!

Locutor oficial nas atrações apresentadas por Silvio Santos por mais de 40 anos, Luiz Lombardi Neto mexia com a imaginação do público, que sonhava em conhecer os traços do "rosto nunca visto na TV". Ele conheceu Silvio na TV Paulista e de lá para cá formou uma dupla dinâmica com o "Patrão".

No começo, sonhava em ser locutor de futebol. Mas antes que fosse aprovado nos testes em rádio, começou a trabalhar na televisão, na década de 1960.

Logo no primeiro contato que teve com Silvio, o "Patrão" disse: "Lombardi, vou fazer de você o locutor mais famoso do Brasil". E Silvio cumpriu a promessa. Ele trabalhou por 10 anos na TV Globo e, assim que Silvio conseguiu a concessão da TVS, optou por embarcar na nova empreitada. Ele morreu em 2009, de infarto agudo, aos 69 anos, em sua casa, em Santo André.

A voz mais conhecida da televisão nacional acompanhou as atrações do SBT por 4 décadas

Capítulo 6

Com mérito

Confira alguns prêmios que Silvio conquistou ao longo da carreira:

2014

Recebeu a Comenda da Casa de Portugal (passando a ser Comendador Português no Brasil).

2013

Prêmio da Ordem dos Músicos do Brasil, por ter incentivado a carreira dos cantores e compositores nos últimos anos

2012

Troféu Internet

2011

Troféu Internet

2010

Troféu Internet

2009

Assembleia Legislativa do Estado de São Paulo
Fórum de Líderes – Gazeta Mercantil
Melhor Líder Empresarial Setorial
Prêmio Empreendedor Personalidade
em Empreendedorismo

2008

Assembleia Legislativa do Estado de São Paulo
Fórum de Líderes – Gazeta Mercantil
Melhor Líder Empresarial Setorial
Melhor Animador
Melhor Apresentador de TV
Megha Assessoria e Comunicação
Prêmio Megha
Profissionais do Ano
Troféu Internet

2007

Assembleia Legislativa do Estado de São Paulo
Fórum de Líderes – Gazeta Mercantil
Melhor Líder Empresarial Setorial
Prêmio ABA de Contribuição à Propaganda – Libertae

2005

Melhor Animador
Melhor Apresentador de TV
Troféu Internet

2004

Assembleia Legislativa do Estado de São Paulo
Fórum de Líderes – Gazeta Mercantil
Melhor Líder Empresarial Setorial
Melhor Animador
Melhor Apresentador de TV
Troféu Internet

2003

Assembleia Legislativa do Estado de São Paulo
Fórum de Líderes – Gazeta Mercantil
Melhor Líder Empresarial Setorial

2002

Assembleia Legislativa do Estado de São Paulo
Fórum de Líderes – Gazeta Mercantil
Melhor Líder Empresarial Setorial

2001

Assembleia Legislativa do Estado de São Paulo
Fórum de Líderes – Gazeta Mercantil
Melhor Líder Empresarial Setorial

2000

Assembleia Legislativa

do Estado de São Paulo
Fórum de Líderes –
Gazeta Mercantil
Melhor Líder
Empresarial Setorial

1997
Assembleia Legislativa
do Estado de São Paulo
Título de "Imortal do
Rádio Paulista"

1995
Prêmio de 45 Anos da TV
Brasileira
Melhor Apresentador

1994
Troféu Imprensa
Melhor Animador

1993
Troféu Imprensa
Melhor Animador

1992
Troféu Imprensa
Melhor Animador

1991
Troféu Imprensa
Melhor Animador

1990
Troféu Imprensa
Melhor Animador

1989
Super Troféu "Diário 4 Cidades" – Os Melhores do Ano
Melhor Empresário
Troféu Imprensa
Melhor Animador

1988
Troféu Imprensa
Melhor Animador

1987
Super Troféu "Diário 4 Cidades" – Os Melhores do Ano
Melhor Empresário
Troféu Imprensa
Melhor Animador

1986
Troféu Imprensa
Melhor Animador

1985
Troféu Imprensa
Melhor Animador

1984
Troféu Imprensa
Melhor Animador

1983
Troféu Imprensa
Melhor Animador

1981
Troféu Imprensa
Melhor Animador

1980
Troféu Imprensa
Melhor Apresentador

1979
Prêmio Sanyo de
Radialismo
Melhor Radialista

1978
Troféu Destaque Nacional – Petrucio Mello
Maior Comunicador da
TV Brasileira

1977
Troféu Contigo Ilusão
Melhor Apresentador
do Rádio
Melhor Animador de
programa de Auditório
Troféu Destaque Nacional – Petrucio Mello
Maior Comunicador da
TV Brasileira

1976
Troféu Imprensa
Melhor Animador

Capítulo 6

1975
Troféu Conde da Boa Vista
Melhor Empresário
Troféu Imprensa
Melhor Animador

1974
Troféu Imprensa
Melhor Animador
Troféu Imprensa
Mais Simpatia e Comunicabilidade

1973
Troféu Imprensa
Melhor Animador
Troféu Imprensa
Mais Simpatia e Comunicabilidade

1972
Prêmio da Crítica da televisão – Associação Paulista de Críticos de Artes
Melhor Animador
Troféu Imprensa
Mais Querido Artista da TV
*Troféu Imprensa
Melhor Animador
*Sílvio Santos foi eleito por unanimidade nesse ano como melhor animador do prêmio, o que lhe valeu um troféu especial.

1971
Troféu Helena Silveira
Melhor Animador
Troféu Imprensa
Melhor Animador
Troféu Imprensa
Mais Querido
Artista da TV

1970
Prêmio Roquette Pinto
Melhor Animador – Canais 4 e 5
Troféu Confete
Interprete de Dig-Dim, música mais executada no Brasil no Carnaval
Troféu Helena Silveira
Melhor Apresentador
Troféu Imprensa
Melhor Animador

1969
Prêmio Roquette Pinto
Personalidade Artística – Canais 4 e 5
Troféu Imprensa
Melhor Animador

1968
Prêmio Roquette Pinto
Melhor Animador – Canais 4 e 5

1967
Prêmio Roquette Pinto
Melhor Animador de Estúdio

Prêmio Curinga Ídolos da TV – Jornal/Rádio Jundiaí
Melhor Animador

1966
Prêmio Roquette Pinto
Melhor Apresentador – Canal 5

1965
Prêmio Roquette Pinto
Melhor Apresentador
Prêmio Curinga Ídolos da TV – Jornal/Rádio Jundiaí
Melhor Apresentador

1964
Prêmio Roquette Pinto
Melhor Apresentador
Troféu Imprensa
Melhor Animador

1963
Prêmio Roquette Pinto
Melhor Apresentador

1961
Prêmio Roquette Pinto
Melhor Animador

1960
Prêmio Roquette Pinto
Melhor Locutor Comercial

1959
Prêmio Octavio Gabus Mendes
Melhor Animador de Rádio

Um capítulo difícil

Quem participava dos programas de Silvio logo era avisado de que não poderia entrar no palco perfumado, pois o "Patrão" é alérgico a perfumes. Ele até chegou a consultar médicos norte-americanos em suas viagens aos Estados Unidos e tomar injeções de cortisona no nariz para amenizar o problema.

Durante o tempo que ficou fora do ar, recebeu todo o tipo de solidariedade do povo brasileiro, cartas, receitas, dicas, orações, vidros de medicamento e folhas de chá.

Depois de muitos testes e exames, descobriu que era portador de um tipo de alergia chamada de edema *Quink*, motivada pela presença de perfumes e com consequências devastadoras: edemas no nariz, na língua e nas cordas vocais.

Com o diagnóstico em mãos, o tratamento foi feito com o médico Tufik Mattar, por meio de autovacinas que eram aplicadas pelos próprios enfermeiros dos estúdios. De acordo com o livro *A Fantástica História de Silvio Santos*, de Arlindo Silva, no Natal de 1980 o especialista da Saúde recebeu um cartão de boas festas escrito pelo próprio paciente, que passou a figurar na parede do seu consultório ao lado dos diplomas: "Silvio Santos cumprimenta desejando boas festas e feliz Ano Novo, com os parabéns por ter vencido a batalha contra minha alergia, que há mais de 10 anos vinha me torturando. Sua competência profissional prolongou minha carreira de animador de programas. Saúde e felicidade para toda a família".

"Ganha-se dinheiro com 10% de inspiração e 90% de transpiração", frase mencionada pelo apresentador

O retorno

Enquanto estava doente, Silvio teve tempo de sobra para reavaliar sua vida e ter muitas ideias. Passou a comparar a vida no Brasil e nos Estados Unidos e percebeu que poderia fazer algo mais pelo nosso povo. Na volta ao ar, no dia 21 de fevereiro de 1988, o animador, aos 57 anos, ainda abatido e com alguns quilos a menos, mas com um novo visual – lentes de contato verdes, anel e pulseira –, fez um discurso emocionante para compartilhar as ideias que teve após as quatro semanas que ficou afastado em Boston, nos Estados Unidos, enquanto aguardava resultado de exames feitos na pálpebra e na garganta.

Silvio, de fato, expôs-se como nunca havia feito. Foi além, abriu seu coração com honestidade. A cada palavra, emocionava funcionários, telespectadores e colegas de trabalho. A apresentadora Hebe Camargo não conseguiu conter as lágrimas e fez questão de registrar sua opinião: "Você não

Capítulo 6

pode deixar a gente!"

Naquele dia, Hebe apareceu de surpresa para lhe entregar o Troféu Imprensa de Melhor Animador e protagonizou um momento de admiração mútua.

No *Show de Calouros*, Silvio respondeu a perguntas do auditório, dos jurados e dos telespectadores via telefone. Ele não escondeu os problemas que abalaram a sua saúde nos últimos tempos. Além da severa alergia, também comentou sobre um tumor benigno na pálpebra direita e a possibilidade de ficar sem voz a qualquer momento por conta do cansaço de um músculo da garganta.

A vida sentimental ganhou espaço no bate-papo. Falou sobre a morte da Cidinha como sua maior tristeza e do peso na consciência por ter escondido seu verdadeiro estado civil e as duas primeiras filhas, Cintia e Silvia, do público e da imprensa. Também confessou que "corria" atrás de outras mulheres por pura imaturidade.

Na conversa, colocou o encontro com Iris como a grande alegria da sua vida e disse que no período que esteve em Boston chorou como uma criança. Mas em solo norte-americano teve a oportunidade de fazer um balanço, pensar em tudo o que a vida lhe deu e no amor que recebia do público.

Entre as perguntas mais picantes, lá estava a do jurado Sérgio Mallandro: "Quando, como, onde e com quem o senhor perdeu a virgindade?". O "Patrão" não titubeou: "Foi na rua Ubaldi-

no Ribeiro, próxima à Riachuelo, no Rio. Eu tinha só 14 anos e foi com uma francesa que era a alegria da garotada".

E claro que Silvio foi além e disse que a moça fez um tal "bouchet", mas ele não entendeu muito bem tudo aquilo.

O "Patrão" também mostrou preocupação com o povo brasileiro e sugeriu que todos os noticiários fossem apresentados no mesmo horário, obrigando o público a se manter atualizado. "O povo brasileiro, infelizmente, é mal informado sobre o que se passa no Brasil, e muito menos no mundo, e às vezes até mesmo nas suas cidades. Por isso, um horário único obrigaria todas as pessoas a assistir a um noticiário bom", observou.

Ao final, despediu-se com uma mensagem: "Sou um homem que acredita na justiça divina, e que o bem sempre vai vencer o mal".

Cirurgia nas cordas vocais

O problema de Silvio nas cordas vocais progredia e não era mais possível adiar a cirurgia. Em 31 de janeiro de 1989, ele fez a cirurgia no Hospital Albert Einstein, em São Paulo. Na ocasião, disse aos jornalistas que se ficasse bom da garganta voltaria a ser animador de auditório e, caso tivesse algum problema maior nas cordas vocais, restaria o desafio de ser presidente da República.

Marchinhas carnavalescas

Durante muitos anos, a proximidade do Carnaval mudou a rotina do dono do SBT, que entrava em estúdio para gravar divertidas marchinhas. Em pouco tempo, as canções estavam na boca do povo e invadiam as rádios!

Entre os sucessos, vale a pena escutar de novo *Coração Corinthiano*, letra que faz referência a um transplante do órgão – técnica usada no Brasil pelo pioneiro Dr. Zerbini; e *A Pipa do Vovô Não Sobe Mais*, que fazia alusão ao problema de impotência sexual masculina.

Em 2009, Silvio lançou uma marchinha que aproveitou o seu famoso bordão "Ai, ai, ai, ui, ui":

Ai, ai, ai, ui, ui

Ai, ai, ai, ui, ui
Ai, ai, ai, ui, ui
Ela é bonita
Ai, ai, ai, ui, ui (Bis)

Loira ou morena
Tremendo mulherão
Sorria, pois você está na televisão

Tanta beleza assim
Não se compara não
Olhando pra você
Bate mais meu coração

Ai, ai, ai, ui, ui
Ai, ai, ai, ui, ui
Ela é bonita
Ai, ai, ai, ui, ui (Bis)

Quem quer dinheiro?
Quem quer dinheiro?
Um aviãozinho, eu vou jogar
Eu jogo aqui, eu jogo ali
Aonde é que ele vai cair?

Ai, ai, ai, ui, ui
Ai, ai, ai, ui, ui
Ela é bonita
Ai, ai, ai, ui, ui

A Pipa do Vovô

A pipa do vovô não sobe mais
A pipa do vovô não sobe mais
Apesar de fazer muita força
O vovô foi passado pra trás!
A pipa do vovô não sobe mais
A pipa do vovô não sobe mais
Apesar de fazer muita força
O vovô foi passado pra trás!

Ele tentou mais uma empinadinha
A pipa não deu nenhuma subidinha
Ele tentou mais uma empinadinha
A pipa não deu nenhuma subidinha

A pipa do vovô não sobe mais
A pipa do vovô não sobe mais
Apesar de fazer muita força
O vovô foi passado pra trás!

A pipa do vovô não sobe mais
A pipa do vovô não sobe mais
Apesar de fazer muita força
O vovô foi passado pra trás!

Coração Corinthiano

Doutor, eu não me engano,
Meu coração é corinthiano

Eu não sabia mais o que fazer
Troquei um coração cansado de sofrer!

Ah! Doutor, eu não me engano,
Botaram outro coração corinthiano!

Capítulo 6

Destaque no Carnaval de 2001

Ser homenageado em plena Marquês de Sapucaí é para poucos. Imagine, então, ser ovacionado por toda a multidão que acompanhava os desfiles no sambódromo carioca, no dia 25 de fevereiro de 2001? Foi nesse clima que o Silvio recebeu a homenagem da escola de samba Tradição.

No carro abre-alas, vestindo um terno prateado fosco – presente do apresentador Augusto Liberato, que pediu para a sua figurinista particular Márcia Maia desenhar –, o animador foi saudado com gritos de "é campeão" assim que entrou na avenida. Para retribuir o carinho, ele deu um show à parte, como se estivesse comandando um grande auditório.

Quando deparou com a multidão, fez uma pergunta até ingênua: "Puxa, tudo isso para mim?"

Aplaudido por mais de 80 mil pessoas, o "Homem do Baú" conseguiu mais uma façanha: fazer todo o sambódromo cantar o samba-enredo em sua homenagem.

A Tradição também contou com participações de Ratinho, Gugu Liberato, Luís Ricardo e Hebe Camargo, que vestia uma fantasia de colombina estilizada. Na frente da bateria, as apresentadoras Carla Perez e Babi e a humorista Vera Verão dividiam as atenções do público.

A arquibancada fez sua parte. Além do samba na ponta da língua, jogou cerca de 500 mil aviõezinhos durante a apresentação. O desfile rendeu à TV Globo 39 pontos no Ibope, a maior audiência entre as escolas durante aquele Carnaval.

Ao final, a dispersão contava com 10 mil pessoas para aplaudir Silvio, que comparou o sentimento do desfile à emoção que teve no dia do seu primeiro casamento.

A Escola ficou em 8º lugar na classificação oficial e foi consagrada com o melhor samba-enredo. Silvio, por sua vez, ganhou o título de melhor personagem do Carnaval em uma pesquisa feita pelo jornal O Dia.

Uma multidão aclamou o animador

Jingle proibido

Em 30 de novembro de 2011, Silvio Santos perdeu em última instância o direito de executar o jingle que marcou sua carreira, "Silvio Santos vem aí", que só poderia ser tocada se ele comprasse os direitos da música. O "Patrão" foi condenado a pagar pelos direitos autorais o montante de R$ 5 milhões à Archimedes Messina.

POLÍTICA

Sonho brasileiro

Ao final da pausa que fez nos Estados Unidos, enquanto aguardava os resultados de exames, Silvio fez um discurso honesto e franco, com ideias tão fortes e verdadeiras que chamaram a atenção de dirigentes políticos. Na ocasião, representantes do PFL enviaram uma carta a ele, na qual o descreviam como o "Messias", que reunia todas as condições para salvar o Brasil. Não demorou para que fosse lançado na política nacional.

Depois de revisar a carta que seria encaminhada para Silvio, o então prefeito Jânio Quadros elogiou a iniciativa do partido e fez uma observação: "Não creio que Silvio vá querer deixar suas colegas de trabalho".

Assim que recebeu a mensagem, Silvio telefonou para Dorsa, do PFL, e acenou sobre a possibilidade de concretizar sua participação na política nacional. Já no dia seguinte, o empresário recebia em sua casa, no bairro do Morumbi, o presidente do PFL-SP, Inocêncio Erbella, que veio colher sua assinatura para alguns documentos do partido. Silvio perguntou se precisaria pagar algo e recebeu a seguinte resposta: "Sua filiação vale mais do que qualquer coisa".

No dia 3 de março de 1988, Silvio Santos anunciou sua filiação ao PFL, em uma coletiva de imprensa na sede do SBT, na Vila Guilherme, em São Paulo. Como já poderia ser candidato à prefeitura de São Paulo e era considerado "invencível", a notícia caiu como uma bomba para a política nacional.

Mas não pense que a dobradinha Silvio e política foi um mar de rosas. Rapidamente, surgiram problemas, como desencontros com os dirigentes do partido, principalmente com o então vice-prefeito Arthur Alves Pinto. A questão do dinheiro para financiar a campanha também foi um grande impasse, pois o empresário alegava que não pretendia desembolsar nenhum tostão e acreditava que o fato de ser tão popular já o dispensaria dos comícios.

Ele também não queria saber de alianças ou coligações, era inexperiente, acreditava que por si só já ganharia as eleições, e no primeiro turno. Com isso, também veio o problema das cordas vocais e a necessidade de poupar a voz. Silvio desistiu da candidatura à prefeitura e, naquele ano, os paulistanos elegeram Luiza Erundina (PT).

Capítulo 6

Silvio para presidente!

Na volta para casa, após a cirurgia realizada nas cordas vocais, Silvio passou a ser procurado por dirigentes do PFL, mas na ocasião o candidato à presidência era Aureliano e este não quis renunciar.

Silvio então escolheu o Partido Municipalista Brasileiro (PMB) para tentar o sonho da presidência. Com Marcondes Gadelha como vice-presidente, o partido deu entrada no Tribunal Superior Eleitoral (TSE) no dia 4 de novembro de 1989.

Mas não foi daquela vez que o empresário realizou o sonho político. Durante sessão de 9 novembro, o TSE negou o seu pedido com base na acusação do advogado de Fernando Collor (também candidato) de que o PMB não estava legalizado. Assim, o registro da candidatura foi negado por unanimidade pelo TSE.

Uma semana antes do julgamento, Silvio despontava no primeiro lugar nas pesquisas de intenção de voto, com 28%; seguido por Collor, com 18,6%; Lula, com 10,6%; Brizola, com 9,9%; e Aureliano, com 0,8%. Vale lembrar que naquelas eleições presidenciais o candidato Collor venceu Lula no segundo turno, disputado em 17 de dezembro.

Depois das eleições presidenciais, Silvio também foi cogitado para o governo do estado de São Paulo e chegou a ter algumas reuniões com o PST, mas não "comprou" a ideia e, como o Brasil atravessava uma grande crise por conta do Plano Collor, os executivos do Grupo Silvio Santos recomendaram que ele ficasse distante da política. Com sua desistência do "Patrão" da corrida eleitoral, o eleito foi Luiz Antonio Fleury Filho, candidato de Orestes Quércia.

O seu envolvimento com a política não parou por aí. Em 1992, voltou a se reunir com senadores do PFL em Brasília e planejava ser candidato à prefeitura de São Paulo. Porém, o partido já tinha seu candidato em São Paulo, o deputado Arnaldo Faria de Sá. O resultado foi uma batalha judicial no TRE paulista que partiu do próprio PFL, que na época estava dividido.

O animador venceu a disputa e a convenção ocorrida no dia 24 de junho de 1992, na sede do Corinthians, foi marcada por muita confusão, tumulto e xingamentos. O Tribunal Superior Eleitoral (TSE) anulou a convenção e a candidatura de Silvio, que perdeu novamente a chance de ser eleito prefeito de São Paulo.

Reprodução/Internet

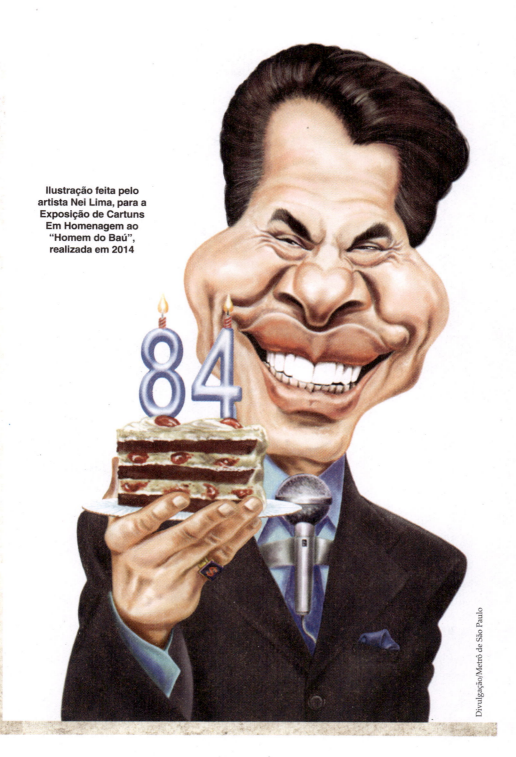

Ilustração feita pelo artista Nei Lima, para a Exposição de Cartuns Em Homenagem ao "Homem do Baú", realizada em 2014

Te Contei – Grandes Ídolos Extra

Capítulo 6

FAMÍLIA

Uma história *de amor*

Em fevereiro de 1981, Silvio Santos casou-se com Iris Pássaro Abravanel, em sua residência. Na época, além de Cintia e Silvia, filhas do primeiro casamento com Cidinha, ele já tinha Daniela, a primeira filha fruto da relação com a autora de novelas.

O casal chegou a ficar separado por quase um ano, em 1992. O motivo ninguém soube ao certo, mas Iris chegou a comentar, mais de uma vez na mídia, que o marido era muito ciumento. No período protagonizaram uma verdadeira guerra de fazer inveja em muitos folhetins. Mas, hoje, estão ainda mais unidos, trocam bilhetes carinhosos, andam de mãos dadas e prometem ficar juntos pelo resto da vida.

Dona de casa até os 60 anos, Iris decidiu se lançar na teledramaturgia em 2008, com o objetivo de ajudar o marido, que não tinha conseguido renovar o contrato com a Televisa para exibir as telenovelas mexicanas na programação do SBT. Além de ganhar o incentivo do autor e amigo Walcyr Carrasco, também teve o apoio de Sil-

vio, que topou o desafio. Não foi só para agradar à esposa, pois ele já acompanhava a sua coluna semanal em uma grande revista e admirava a maneira como ela abordava fatos fictícios do dia a dia.

Em maio de 2012, veio um grande sucesso assinado por Iris: o *remake* da novela *Carrossel*, que colocou o SBT na liderança da TV brasileira e arrecadou uma verdadeira fortuna com o licenciamento de produtos ligados à trama infantil. Logo depois, a receita de sucesso se repetiu, com o remake de *Chiquititas*.

Capítulo 6

Religião não se discute

Casada com judeu, Iris Abravanel nunca foi obrigada a seguir a religião do marido e, depois de buscar diferentes maneiras de falar com Deus, tornou-se evangélica. As filhas aprenderam hebraico, mas Silvio sempre respeitou a opção de cada uma delas e até pede para Patrícia, que também é evangélica, orar por ele.

Segundo Iris, todos os funcionários da casa eram evangélicos e o copeiro José, que foi alfabetizado lendo a Bíblia, costumava espalhar versículos pelos cômodos. Ela achava interessante, mas nunca pensou em seguir aquela crença.

Depois de se decepcionar com algumas religiões, a autora de novelas pediu para Deus se revelar. Foi então que José chegou com um recado: Deus havia mandado dizer que Jesus a amava muito. Na hora, ela começou a chorar e procurou a Bíblia. No começo, participava de cultos em qualquer garagem onde se falava de Jesus, pois o objetivo era aprender.

Avô e bisavô

Além do neto Pedro, filho de Patrícia Abravanel, Silvio Santos tem outros sete netos: Luana e Amanda, filhas de Silvia Abravanel; Manuela e Gabriel, filhos de Daniela Beyrut; e o ator Tiago Abravanel, Vivian e Ligia, filhos de Cíntia Abravanel. Ele ainda tem dois bisnetos, o menino Miguel, filho de Ligia, e Matheus, filho de Vivian.

Carisma é coisa nossa!

Não há como negar que a apresentadora Patrícia Abravanel tem o carisma do pai. A jovem, que iniciou a carreira em frente às câmeras em 2011, no comando do Festival SBT 30 anos, logo conquistou o Troféu Imprensa na categoria Revelação.

Em 2012, recebeu um verdadeiro presente de Hebe Camargo, que mandou um recado dois meses antes de morrer: "Essa menina nasceu para o que está fazendo", disse a dama da TV, que fez a filha número 4 de Silvio Santos chorar de emoção.

A comunicadora tem mudado a rotina do pai nos últimos tempos. Após dar à luz Pedro, fruto do relacionamento com o deputado Fábio Faria, ela tem estimulado o animador a viver o seu papel de avô com mais intensidade.

Meu pai é meu melhor amigo

Silvia Abravanel não tem dúvida de que Silvio Santos é o seu melhor amigo e define-o como a "sua universidade". Formada em Medicina Veterinária, a filha número 2 é responsável pela programação infantil do SBT e também tem o desafio de dirigir o pai no programa *Roda a Roda Jequiti*. Ela começou a trabalhar ao lado do "Homem do Baú" aos 16 anos, no programa *Domingo no Parque*. Chegou a dar uma pausa quando ingressou na faculdade, mas a paixão pela TV falou mais alto e não demorou para retornar ao SBT. Segundo ela, nunca teve moleza e, por ser filha do patrão, a cobrança é ainda maior.

Capítulo 6

MARCAS REGISTRADAS

Microfone no peito

O clássico microfone que ficou preso ao peito do apresentador nos últimos 40 anos foi aposentado em 2014. A nova versão é um modelo que fica próximo ao rosto, semelhante ao popularizado pela cantora Madonna.

Durante o quadro Jogo das 3 Pistas, o "Patrão" disse aos irmãos Supla e João Suplicy que abandonou o microfone porque não estava mais tão à vontade com aquela cruz junto ao peito, que parecia caminhar em direção ao cemitério. E completou afirmando que o novo modelo foi um presente da cantora pop.

Supla insistiu sobre a marca registrada e o Silvio brincou: "Que marca registrada, eu usava aquele porque não tinha outro melhor para usar".

Lencinho no bolso

Na frente das câmeras, Silvio Santos está sempre impecável, vestindo terno e gravata, além de um lencinho no bolso do paletó. De acordo com consultores de moda, o apresentador obedece à máxima de que gravata e lencinho não devem ser usados de uma maneira "casada", ou seja, de mesmo tom ou estampa. Mas não há regras na hora de dobrar o lenço, que garante classe e elegância ao visual do apresentador.

Óculos sem hastes

Bem no meio de uma atração, Silvio saca seus óculos sem hastes para ler algo e, claro, lançar moda!

Madeixas bem cuidadas

O cabelo de Silvio Santos sempre gerou muita especulação. Afinal, ele usa peruca? Cliente fiel do cabeleireiro Jassa, é visto no ar com um tom acaju. Mas, segundo o profissional, a cor usada é um louro-acinzentado e, por conta da interferência das luzes do estúdio, parece avermelhado para o público. Chegou a inovar com luzes invertidas, mas o look grisalho não agradou ao público.

Homem Sorriso

Não foi por acaso que ficou conhecido como "Homem Sorriso". O sorriso também dá lugar à gargalhada, que muitas vezes se torna incontrolável. No dia 17 de agosto de 2014, Silvio não aguentou e teve um ataque de risos no Programa Silvio Santos, ao narrar uma pergunta sobre Calinhos Aguiar no quadro Jogo dos Pontinhos.

SILVIOMANIA

Simples assim

Do gosto pelas árduas tarefas domésticas – como limpar um fogão ou lavar louças – até a compra de relógios no camelô, conheça alguns hábitos cultivados por Silvio Santos:

De férias em Orlando

Nas férias, ele fica cerca de três meses em Orlando, nos Estados Unidos, em uma casa de cinco quartos, localizada em um condomínio residencial. Por lá, leva uma vida quase anônima: passeia com os cachorros, faz compras diárias no supermercado, lava louça e até limpa o fogão.

Férias total

Fora do ar, os trajes de Silvio mais parecem roupas de um típico turista: camisas estampadas e bermuda. Nada de grife, tudo muito barato e comprado em uma grande rede de supermercados norte-americana.

Acessórios sem marca

Ele poderia usar os relógios mais caros do mundo, mas só compra o acessório em camelôs dos Estados Unidos. Um dos seus preferidos foi adquirido pela bagatela de US$ 5 e dispara alertas em espanhol no meio da noite.

Seu lema, é polpar

Silvio recusa-se a embarcar de primeira classe, pois acredita que chegará do mesmo jeito. "Para que jogar dinheiro fora?", questiona o empresário.

Café da tarde

Esta refeição é quase uma instituição para o casal Abravanel. Regado a pão com manteiga, café com leite, rocambole e bolo de padaria, Iris e Silvio conversam sobre as filhas e dão biscoito para os cães.

Romantismo em alta

O casal procura manter a chama acesa do amor e não abre mão de trocar bilhetinhos carinhosos.

Acelera, Silvio!

Ele faz questão de dirigir o próprio carro e nunca teve motorista. Já foi visto muitas vezes circulando com o modelo Lincoln Town Car, ano 1993, branco com teto verde. Este carro, atualmente, está exposto na Galeria da Fama do SBT, assim como outros objetos pessoais do animador.

Capítulo 7

Incomparável

No dia 12 de dezembro de 2015, Silvio Santos completa 85 anos. Selecionamos 85 curiosidades incríveis para celebrar a vida e brindar os melhores momentos de sua trajetória

Dupla dinâmica

Silvio e o irmão Léo aprontavam todas pelas ruas do Rio de Janeiro. Em uma das brincadeiras, decidiram construir um patinete, usando tábuas, pregos e eixos. A brincadeira por pouco não acabou mal, pois quase foram atropelados por uma ambulância na rua Gomes Freire. O pai, Alberto, acompanhou toda a cena de longe, chegou a gritar, fechou os olhos e, quando os abriu, lá estavam os meninos sãos e salvos! A estrela de Silvio brilhou mais uma vez, porém os dois não escaparam das palmadas na volta para casa.

Nada de cigarros

Silvio nunca gostou de cigarros e também não queria que Léo fumasse. Certa vez, surpreendeu o irmão fumando na porta do cine Colonial e não deixou por menos: deu um cascudo para o garoto nunca mais esquecer.

Viciado em balas

Quando criança, era alucinado pelas balas da marca Fruna, que davam prêmios aos colecionadores. Todo o dinheiro que ele e Léo economizavam com as entradas de cinema era investido em balas.

Matemágica!

Enquanto a maioria das crianças tem horror a Matemática, Silvio não só fazia muito bem contas, como elegeu a matéria como sua preferida. Depois, seguiu para o curso de Contabilidade.

Comovente e convincente

Sempre que os guardas se aproximavam para prender Silvio e suas mercadorias pelas ruas do Rio, o garoto já tinha um discurso comovente e convincente na ponta da língua: "Sou menor de idade, não podem me prender. Vocês deveriam ir atrás dos marginais que estão soltos por aí. Só estou trabalhando para comprar livros e pagar a escola!"

Sorte ou azar?

Ele começou a trilhar o próprio caminho como ambulante depois que seu pai perdeu tudo o que ganhou em jogos, inclusive a loja da família na praça Mauá. O garoto, porém, conquistou seu espaço e, em pouco tempo, transformou-se no melhor camelô que o Rio de Janeiro já viu.

Da rua para o escritório

Depois de conquistar uma clientela fiel e tornar-se o melhor ambulante do Rio de Janeiro, Silvio abandonou as ruas e passou a vender cortes de fazenda, relógios e até joias em repartições públicas e escritórios.

Macaco de auditório

Se hoje Silvio é um mito, também teve seus dias de "macaco de auditório". Ele adorava os radialistas César de Alencar e Heber de Boscoli. Até tinha certo ciúmes de César, pois naquela época as meninas eram loucas por ele.

Capítulo 7

Todos os santos ajudam

Foi no programa de calouros do Jorge Cury que Silvio teve um estalo e decidiu adotar o sobrenome Santos A explicação? Porque todos os santos ajudam! A verdade é que ele precisava de um novo nome, pois Senor Abravanel já era bastante conhecido nos programas, pois sempre ganhava algo depois das apresentações.

Amigas do cabaré

Quando voltava da emissora de rádio na última barca para o Rio, Silvio fez novas amigas durante as viagens: as moças que trabalhavam nos dancings e cabarés. As viagens eram embaladas por muito bate-papo, confissões e dramas do dia a dia.

Jipe com história

O jipe que Silvio comprou para facilitar sua vida na época das "caravanas do Peru que Fala" foi vendido tempos depois para o humorista Ronald Golias.

Romantismo no ar

Julio Iglesias e Roberto Carlos são seus cantores preferidos. Isso mostra que ele é bem romântico.

Quer trabalhar no Baú?

Muitos diretores do Baú da Felicidade foram escolhidos por Silvio em repartições públicas. Sempre que encontrava um funcionário ativo e honesto, logo fazia o convite: "Quando quiser trabalhar no Baú, me procure!"

Sonho da Fundação

Silvio já sonhou em ter um hospital com infraestrutura completa para atender a pessoas carentes. A Fundação Silvio Santos ganhou apoio do então prefeito Olavo Setúbal e também um alerta. Ele doaria o terreno, mas fez questão de abrir os olhos de Silvio sobre o fato de que pessoas de todo o Brasil chegariam para se tratar no Hospital do Silvio Santos e qualquer falha ou fatalidade abalaria a imagem do grupo, pois Silvio não poderia falhar. O sonho acabou ficando para trás.

Viagem marcante

Silvio adora ir para os Estados Unidos, seja na sua casa em Orlando ou nos cassinos de Las Vegas. Mas a África do Sul foi o destino mais marcante para ele.

Mais admirado do Brasil!

Em 2011, foi apontado como a personalidade mais admirada do Brasil, à frente do ex-presidente Lula e de Jesus Cristo.

Livros de cabeceira

O gênero de leitura que ele mais gosta é o de biografias.

Roda da fortuna

De acordo com a revista *Forbes*, Silvio está entre os homens mais ricos do mundo. Em 2013, o seu patrimônio girava em torno de US$ 1,3 bilhão (equivalente a cerca de R$ 3,1 bilhões).

Um bom patrão

Ao encontrar o funcionário com o perfil desejado, Silvio não pensa duas vezes e oferece salário acima da média. Ele garante que, assim, o funcionário contribui para o progresso da empresa e investe na sua própria evolução. Não é por acaso que ele é o patrão que todos gostariam de ter.

Bolada em dinheiro

Muito antes do *Show do Milhão* ou do *Roda a Roda Jequiti*, os telespectadores já ganhavam grandes quantias em dinheiro. Em 1976, o quadro Arrisca Tudo, que fazia parte do *Programa Silvio Santos*, chegou a distribuir uma fortuna, cerca de CR$ 1 milhão, ao participante que respondesse as perguntas sobre temas culturais.

De calças curtas...

Quem vê Silvio Santos de terno, mal consegue imaginá-lo com outra roupa. Mas, fora do ar, ele gosta mesmo é de usar bermudas e camisas de manga curta com bolso na frente. Detalhe: são roupas sempre muito baratas.

Amigo leal

Em 1986, quando o jornalista Flávio Cavalcante morreu, Silvio deixou o SBT fora do ar por algumas horas.

No Guinness Book

O *Programa Silvio Santos* entrou para o *Guinness Book*, o livro dos recordes, em 1993, como o programa mais duradouro da TV brasileira. A façanha é contada a partir da estreia na TV Paulista, em 1962.

Tom e Vinicius

Suas canções preferidas são: *Eu Sei que Vou te Amar*, de Tom Jobim e Vinicius de Moraes, e *Manuela*, de Julio Iglesias.

Ooops!

Cair na TV não é problema para Silvio Santos, que já protagonizou diversos tombos no ar. Ele já caiu durante o sorteio da Tele Sena, em um tanque de água e até dançando com a jurada Flor.

Trivial

O prato preferido de Silvio Santos é parecido com o da maioria dos brasileiros: arroz, feijão, batata frita e bife. Ele também gosta de carne com queijo e de uma batata na manteiga preparada pela Iris.

Pets

Silvio tem 14 cachorros. Entre eles, Chuca (a mais velha), Bolha (um *Ihasa apso* que é o seu guarda-costas) e o Tito (um *poodle* seguidor da Iris Abravanel). Os dois últimos têm "passaporte" e costumam viajar com o casal para os Estados Unidos.

Zelo

Nos Estados Unidos, na sua casa em Orlando, lavar louça e cozinhar são verdadeiros *hobbies* para ele.

Rotina matinal

Em Orlando, Silvio acorda por volta das 8h30 da manhã e caminha por 70 minutos em uma esteira.

Capítulo 7

Cozinheiro de mão cheia

O sanduíche predileto de Silvio é pão, queijo e filé mignon. Ele costuma preparar o lanche em seu camarim, que é equipado com uma pequena cozinha.

Lista de supermercado

Ele adora fazer as compras diárias no supermercado quando está nos Estados Unidos.

Sabão de coco

Silvio é alérgico a perfumes e não usa qualquer sabonete. Já chegou a embarcar com uma mala só com caixas de sabão de coco para tomar banho nos Estados Unidos.

Mundo make

A Jequiti não é a sua primeira experiência no ramo de cosméticos. Em 1976, ele lançou a Chanson para vender produtos no sistema porta a porta. Porém, o negócio não teve sucesso e encerrou suas atividades dois anos depois.

Disfarces

Gosta de usar disfarces quando está fora do País e dá boas risadas quando percebe brasileiros tentando descobrir se é ele ou não.

Pechincha

Se você imaginava que os relógios de Silvio são de grife, enganou-se. Ele só compra relógios nos camelôs dos Estados Unidos e paga, no máximo, US$ 100 por cada um.

Quem quer sorvete?

Silvio não tem restrições alimentares, é do tipo que come de tudo, mas não resiste quando vê uma taça de sorvete.

Sweet

Aos finais de semana, costuma "furar" a dieta e come doces. Ele é uma verdadeira "formiga". Na época de Natal é uma festa, pois adora saborear panetone com gotas de chocolate.

Jogos pela internet

Ele é superantenado à internet. Adora assistir a filmes e seriados do Netflix e também a usa para se divertir em mais de 50 jogos.

Querida, estou encolhendo!

Silvio acredita que tenha encolhido nos últimos anos. Atualmente, mede 1,77 m e, quando estava na Escola de Paraquedismo do Exército, tinha 1,81 m.

Eu, vocês, um filme e muitos cachorros!

Quando não está trabalhando, gosta de estar ao lado da família, assistir a bons filmes e brincar com os cachorros.

É com você, Lombardi!

A morte do amigo e funcionário Lombardi, em 2009, também foi um baque para Silvio Santos, que fez questão de interromper a gravação de um especial de Ano-Novo assim que soube.

Despedida emocionante
O selinho que a apresentadora Hebe Camargo tanto quis foi dado por Silvio durante o seu velório. Uma linda homenagem à amiga.

Mais é mais
Fora do ar, o visual de Silvio não tem nada de sóbrio ou discreto. Ele gosta mesmo é de abusar de peças coloridas.

Concursos exóticos
Ele sempre gostou de promover concursos inusitados em seu programa. Um deles elegeu o nome mais feio do País, que ficou para o candidato chamado Tropicão de Almeira.

Com censura
Silvio chegou a ser advertido pela censura quando promoveu um concurso do homem que mais tomava laxante.

Barba, cabelo e bigode
Há mais de 30 anos, o cabeleireiro Jassa, localizado na Rua Henrique Martins, no Jardim Paulista (SP), cuida dos cabelos de Silvio.

Chique no último
Ele usou por mais de 30 anos as roupas da marca Camelo. Atualmente, usa ternos Ricardo Almeida e Camargo Alfaiataria. Já as roupas que usa nos momentos de lazer costuma comprar no Walmart dos Estados Unidos.

Fã de carteirinha
O ex-presidente norte-americano Abraham Lincoln encabeça a lista de personalidades que Silvio admira.

Medo de quê?
Silvio tem medo da morte e da obesidade. Por isso, procura fugir da dieta apenas aos finais de semana e pega firme na atividade física na academia de ginástica em sua casa.

Esporte radical
Também tem espírito aventureiro e adora esquiar em Aspen, no Colorado, Estados Unidos.

Esperança, a última que morre!
Quando fazia o programa *Porta da Esperança*, Silvio distribuiu quase 2 mil presentes em parcerias com empresas.

Você é o Silvio, eu sou o Chacrinha...
Uma vez ligou para a polícia no número 190 e identificou-se como Silvio Santos. O atendente, por sua vez, levou na brincadeira e disse que era o Chacrinha.

Saúde em primeiro lugar
Silvio retirou parte da próstata e, por conta disso, usa temporariamente uma cueca especial comprada nos Estados Unidos.

Capítulo 7

Amor de praia sobe a serra
Iris e Silvio conheceram-se no Saco do Major, no Guarujá. Ela era uma "rata de praia" e tinha apenas 19 anos quando avistou Silvio descendo de uma lancha. Na época, era professora e ele a convidou para trabalhar no Baú da Felicidade. A paixão foi acontecendo aos poucos e a família dela chegou a ser contra o namoro, pois ele era viúvo, artista e pai de duas filhas.

Bandido do bem?
Silvio teve o relógio roubado no trânsito, mas assim que o ladrão percebeu que a vítima era o "Homem do Baú", correu para devolver.

Para começar bem o dia
Quatro torradas, um bife, 50 g de queijo e um copo de café com leite integram o café da manhã do animador, de acordo com Raimunda, sua camareira.

Um desejo
O "Patrão" já declarou que não faz parte do seu desejo morrer em uma cama de hospital. Ele prefere que a sua partida seja em casa e, de preferência, sem estar doente.

Aviãozinho profissional
Ele mantém um funcionário só para confeccionar os famosos aviãezinhos que são atirados ao auditório.

O pagador de impostos
Em 1994, Silvio foi a pessoa física que mais pagou Imposto de Renda no país. Ele teria recebido R$ 63 milhões e pago cerca de R$ 20 milhões em sua declaração.

Mascote à altura
No século 21, o SBT ganhou o mascote Silvinho, um boneco animado do Silvio Santos que canta e dança. Ele já virou bebê, apresentou um especial da Copa do Mundo e entrou nos climas de Natal e de Carnaval.

Leão domado
Em março de 1963, em uma entrevista à *Veja*, Silvio comparou o público a um leão: "O público é como um leão: se a gente tem medo, ele engole".

Capa de revista
Silvio fez inúmeras capas de revista e, além da polêmica foto que apareceu sem cabelos, outra se tornou inesquecível: a capa que aparece ao lado do Rei Roberto Carlos, na revista Amiga, em 1971.

84 vezes Silvio Santos!
Assim que completou 84 anos, ganhou um presente da Associação dos Cartunistas do Brasil: uma exposição com 60 caricaturas e charges retratadas por diferentes artistas.

De microfone novo
Para justificar a troca do microfone que o consagrou, Silvio não perdeu o bom humor: "A Madonna me mandou de presente".

Uma satisfação para Roberto Marinho

Na década de 1980, a TV Globo já havia acertado a contratação de Gugu Liberato. Só que Silvio decidiu fazer uma proposta milionária para não perder o funcionário, que desistiu da mudança. Na época, Silvio alugou um jatinho para explicar pessoalmente a decisão a Roberto Marinho.

Sonho de novela

Silvio sonhava em ter boas novelas na grade e chegou a contratar três novelistas da concorrência de uma só vez: Glória Perez, Benedito Ruy Barbosa e Walter Negrão. Mas a alegria durou pouco e, mesmo depois de assinar contrato, os três voltaram atrás e a TV Globo arcou com a multa.

Apenas desodorante

Nada de grandes fragrâncias importadas: o apresentador usa apenas desodorante sem cheiro. Por causa de sua alergia, a Jequiti lançou uma linha de cosméticos sem aroma para atender a pessoas que também têm intolerância a perfumes.

Apoio a Wagner Montes

Quando Wagner sofreu um acidente e teve de amputar a perna, Silvio pagou-lhe a prótese mais moderna da época.

De mau gosto

Em 2003, o animador disse, em uma entrevista, que estava com uma doença terminal e morreria em seis anos. A brincadeira foi uma espécie de vingança à insistência da repórter em colher seu depoimento.

Hebe, para sempre

Segundo Carlos Alberto de Nóbrega, em 2012, Silvio recontratou Hebe Camargo mesmo sabendo que ela não teria condições de estrear no SBT, já que estava bastante debilitada.

Cabelos grisalhos

Chegou a aparecer com os cabelos grisalhos em 2012, mas o novo look durou pouco tempo. Logo voltou a usar o tom tradicional e admitiu que o branco o envelheceu.

Chaves: aposta certeira

Foi em 1984 que Silvio Santos apostou na exibição do seriado mexicano *Chaves*. Naquela época, muitos chegaram a dizer para ele não o incluir na programação, pois a proposta mexicana era amadora. Ele seguiu sua intuição e acertou: *Chaves* é um dos grandes sucessos do SBT até hoje.

Tem um muro no caminho

Nas comemorações pelo aniversário de 30 anos do SBT, Silvio colocou a TV Globo como um muro que só pode ser ultrapassado de vez em quando.

Com licença para dirigir

Silvio nunca teve motorista e faz questão de dirigir o próprio carro no Brasil. Nos Estados Unidos, Iris costuma assumir o volante, pois ele não conhece tão bem os caminhos.

Capítulo 7

Multa de trânsito

Chegou a tomar uma multa por ter avançado em um sinal vermelho em Orlando, na Flórida. Mesmo tendo ce pagar US$ 25, o "Homem do Baú" recorreu e chegou a ficar frente a frente com o juiz. De tanto "chorar" que não tirha dinheiro, acabou tendo US$ 10 devolvidos e a tal multa saiu por US$ 15 dólares.

Bisavô especial

Silvio tornou-se bisavô aos 82 anos, com o nascimento de Miguel, o filho da neta mais velha, Ligia Abravanel.

História de criança

Na década de 1970, Silvio Santos emprestou sua voz para narrar uma coletânea de discos infantis com fábulas e contos da Disney.

Ator de novelas?

Ele já fez participações especiais em novelas, mas não pense que era qualquer personagem, era o próprio Silvio Santos! Entre as aparições, marcou presença na novela *Pigmaleão*, na TV Globo; em *Carmen*, da TV Manchete; e, mais recentemente, em *Vende-se um Véu de Noiva*, no SBT, uma adaptação da sua esposa, Iris Abravanel.

Aposentadoria anunciada

Silvio chegou a dizer que pretende se aposentar antes de completar 90 anos. Será que ele vai cumprir a promessa?

Admiração por Edir Macedo

Ele não é amigo de Edir Macedo, mas, em 2014, declarou ter lido três livros do bispo e não escondeu a admiração, principalmente por ele ter ajudado muitas pessoas a abandonar o vício das drogas e do álcool.

Montanha-russa

Quando as filhas eram pequenas, ele chegava a ir três vezes por ano aos parques da Disney. Atualmente, não vai com tanta frequência, mas confessa que, quando os netos estão em sua casa em Orlando, não resiste ao convite.

Na contramão

Silvio diz que jamais terá um jatinho, como sonham os ricos e famosos. Segundo ele, é muito melhor desembarcar de um avião comercial e já ficar livre!

Na Sinagoga

Silvio costuma rezar no dia do perdão judaico, conhecido como *Yom Kippur*. Na ocasião, ele segue o protocolo à risca e vai à Sinagoga, nos Jardins, em São Paulo.

Vaidade controlada

Ele se diz devoto de Nossa Senhora das Plásticas: já fez três intervenções e planeja mais uma para o próximo ano. Já a toxina botulínica (Botox), nunca aplicou.

Pontual

Silvio dorme, todos os dias, às 22h30.

Melhores *momentos*

Dos comentários de duplo sentido aos tombos espetaculares e crises de risos no ar, Silvio Santos é insubstituível

Aperte o cinto, a minha calça sumiu

Já imaginou perder a calça no ar? Pois Silvio ficou de cueca na frente das colegas de auditório e dos convidados durante a gravação do quadro "Não Erre a Letra", que foi ao ar no dia 29 de abril de 2012. O que para muita gente seria um "mico" nacional foi tirado de letra por ele, que disse para Liminha: "Caiu a calça do animador. Quem mandou não segurar?". Ele também se recusou a ir ao camarim para se recompor: "Não vou para o camarim, nada. É só apertar o cinto".
Para assistir, acesse: *http://goo.gl/RTaY2s*

A história da peruca

Em um momento de distração, enquanto conversava com as crianças no palco, a apresentadora Maisa surpreende-o, puxa o seu cabelo e sai gritando que o "Patrão" usa peruca.
Para assistir, acesse: http://goo.gl/jbfdKV

E o bambu?

O *Domingo no Parque* nunca mais foi o mesmo depois de uma criança um tanto "boca suja" rimar bambu com um palavrão. Qualquer apresentador ficaria sem graça com a charada, mas Silvio gargalhou no ar. E o bambu? Entrou para a história, claro!
Para assistir, acesse: *http://goo.gl/jzUabm*

Susto no sorteio da Tele Sena

Um dos tombos mais recentes do apresentador aconteceu durante o sorteio da Tele Sena, no dia 29 de junho de 2014. Na conversa com o telespectador, Silvio distraiu-se e tropeçou no degrau do cenário.
Aos 83 anos, deu um susto em todos, mas ficou sentado no chão sem perder a pose e brincou: "Dorinho (vencedor de um dos prêmios), entrei bem por sua causa".
Acesse: *http://goo.gl/4WYS0O*

Referências

- Sistema Brasileiro de Televisão (SBT) – www.sbt.com.br
- Grupo Silvio Santos – www.gss50anos.com.br/gss_50_anos.html
- *A Fantástica História de Silvio Santos*, Arlindo Silva, Editora do Brasil.
- *Silvio Santos, A História de um Vencedor*, Especial Contigo, Editora Abril.
- Veja SP – As férias de Silvio Santos em Orlando (Por João Batista Jr. e Fernando Moraes/ Edição de 7 de fevereiro de 2014). Acesso em http://vejasp.abril.com.br/materia/silvio-santos
- M de Mulher (Por Patrícia Zaidan) – Íris Abravanel fala sobre sua carreira, família e a vida ao lado de Silvio Santos. http://goo.gl/E3TBt2
- Uol – Memória da TV: http://goo.gl/Jvopjd
- Uol Economia – Veja os destaques da trajetória profissional de Silvio Santos: http://goo.gl/S5qnYc
- Exame – 45 fatos sobre Silvio Santos – O camelô que virou bilionário (Por Tatiana Vaz) http://goo.gl/sKWx6A
- Terra - Após amargar perdas Silvio Santos é o novo bilionário da Forbes - http://goo.gl/D9NNO

Conteúdo apurado em abril de 2015.

Te Contei – Grandes Ídolos Extra

SILVIO SANTOS

PRESIDENTE: Paulo Roberto Houch – MTB 0083982/SP
ASSISTENTE DA PRESIDÊNCIA: Adriana Lima
COORDENADOR DE ARTE: Rubens Martim
GERENTE COMERCIAL: Elaine Houch
(elainehouch@editoraonline.com.br)
SUPERVISOR DE MARKETING: Vinicius Fernandes
ASSISTENTE DE MARKETING: Gabriela Nunes
COLABORARAM NESTA EDIÇÃO:
Shantala Ambrosi
(arte)
Michelle Neris
(revisão)
Mazzitelli Comunicação:
Daniella Marcos
(edição)
e Juliana Lambert (redação)
Diretora geral:
Daniella Marcos
(danimarcos@mazzitellicomunicacao.com.br)

DIRETORA ADMINISTRATIVA: Jacy Regina Dalle Lucca
Impresso na **ÍNDIA**
TE CONTEI GRANDES ÍDOLOS EXTRA - SILVIO SANTOS é uma publicação do IBC Instituto Brasileiro de Cultura Ltda. – Caixa Postal 61085 – CEP 05001-970 – São Paulo – SP – Tel.: (11) 3393-7777
A reprodução total ou parcial desta obra é proibida sem a prévia autorização do editor. Para adquirir com o IBC: www.revistaonline.com.br
VENDAS AOS DISTRIBUIDORES: Tel.: (11) 3393-7711/7723/7719/7766 (vendas@editoraonline.com.br).

CIP-BRASIL. CATALOGAÇÃO NA PUBLICAÇÃO
SINDICATO NACIONAL DOS EDITORES DE LIVROS, RJ

T321

    Te contei: grandes idolos extra : Silvio Santos --. - 1. ed. - São Paulo : OnLine, 2017.

    ISBN 978-85-432-2174-8

    1. Santos, Silvio, 1930- . 2. SBT - Sistema Brasilero de Televisão. 3. Televisão - Brasil - História. 4. Apresentadores (Teatro, televisão, etc.) - Brasil - Biografia. I. Título.

17-46917   CDD: 926.415
              CDU: 929.641.5

28/12/2017   28/12/2017